Le Jeune Cheval

Claude Lux

Le Jeune Cheval

Collection Cheval pratique

MALOINE

Chez le même Éditeur :
Collections dirigées par Claude LUX

Collection : «Cheval pratique»
- *Bien nourrir son cheval,* C. Lux.
- *Le nouveau palefrenier-soigneur,* C. Lux.
- *Cheval : 100 trucs utiles,* C. Lux.
- *Bien choisir son cheval, Collectif.*
- *Le cheval en pâture,* C. Lux.
- *Maréchalerie pratique : dépannage, ferrage,* C. Lux.
- *Cheval : le saviez-vous ?* C. Lux.
- *Cheval : guide pratique des métiers et activités,* C. Lux.
- *Cheval : trucs pratiques,* C. Lux.
- *Poney pratique : équitation, propriété, soins,* C. Lux.
- *Le cheval d'extérieur : l'éduquer, le dresser,* V. de Saint Vaulry.
- *Cheval : 173 erreurs à éviter,* C. Lux.
- *Cheval : bricotrucs,* C. Lux.
- *Avoir un âne chez soi,* I. van de Ponseele, C. Lux.
- *Cheval : métiers et activités,* C. Lux.
- *Atteler chez soi,* B. Lecointe.
- *J'élève mes poney,* L. Bataille.
- *Bourrellerie,* C. Lux.

Collection : «Cahiers pratiques du cheval»
- *Pansage, toilettage, nattage,* C. Lux.
- *36 numéros amusants de dressage et d'adresse,* C. Lux.
- *Bien équiper son cheval,* C. Lux.
- *J'élève mon poulain,* C. Lux.
- *Réussir ses premiers concours,* C. Lux.
- *Je soigne mon cheval,* C. Lux.

Collection : «Nouveaux examens d'équitation»
- *Préparer ses examens : Galops 1 à 4.*
- *Préparer ses examens : Galops 4 et 5.*
- *Préparer ses examens : Galop 6.*
- *Préparer ses examens : Galop 7.*
- *Préparer ses examens : Galop 8.*
- *100 questions-réponses d'examens : Galops 1 à 5.*
- *100 questions-réponses d'examens : Galops 6 et 7.*

Hors collection
- *Réaliser son écurie,* Cl. Lux.
- *Être cavalier randonneur,* Cl. Lux.
- *Être cavalier propriétaire,* Cl. Lux.
- *Les maladies du cheval,* M. Hanns-Jürgen Wintzer.
- *Le guide juridique du cheval,* E. Riondet et P.G. Chaumanet.
- *Le carnet de mon cheval,* Cl. Lux.

Collection : «Équitation pratique»
- *Communiquer avec son cheval,* V. de Saint Vaulry.
- *Comment dresser votre cheval,* S. C. Aumont.
- *Mécanique équestre et équitation,* P. Pradier.

Photo de couverture : Pierre Miriski

Dépôt légal - Novembre 1995 - I.S.B.N. 2-224-02048-1
Imprimé en France

SOMMAIRE

Le débourrage d'un cheval s'appuie sur des principes essentiels ; et ce, quelle que soit la discipline à laquelle on le prédestine.

Voici ce qu'en dit le comte de Comminges, dans son ouvrage « Dressage et Ménage » :

« Procédez suivant votre méthode favorite, car vous êtes convaincu d'avoir la bonne. Soyez persuadé que si vous l'appliquez avec grand soin, sans hâte, sans brusquerie ni timidité, votre méthode, fût-elle médiocre, sera encore meilleure que telle autre, consacrée par de grands pontifes, mais négligemment employée. »

Cette citation souligne que, pour réussir un dressage, la manière d'appliquer une méthode compte autant que la méthode elle-même ; le dresseur doit personnaliser la méthode qu'il choisit et l'adapter à chaque cheval.

Si vous dressez seul votre cheval, n'hésitez pas à le monter en bénéficiant des conseils d'un moniteur compétent. Il vous aidera à progresser en même temps que votre monture. C'est son métier, et « du haut de la selle » vous ne pouvez pas tout voir.

COMPRENDRE LE JEUNE CHEVAL

À sa naissance, le foal met moins d'une heure pour se lever après une mise-bas elle-même très rapide. Plus tard, il se couchera rarement plus de quelques minutes d'affilée. La saillie de l'étalon ne dure que quelques secondes. Tout ce qui peut entraver la fuite du cheval est ainsi écourté au maximum.

À l'extérieur, le poulain s'équilibre naturellement

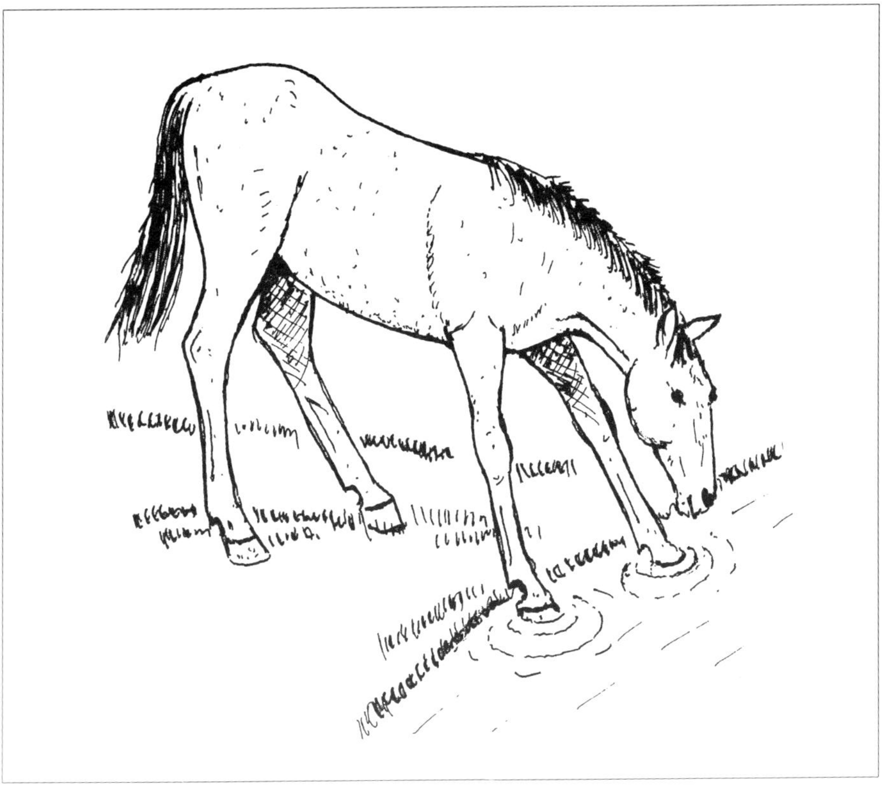

Il y a soixante millions d'années, le grand et fier cheval que nous connaissons aujourd'hui, avait la taille du renard. Contrairement aux grands animaux qui progressivement ont disparu de la terre, le cheval, lui, n'a cessé de grandir pour gagner en vitesse et échapper ainsi aux rapides prédateurs.

Plus tard, pour le chasser et consommer sa chair, l'homme se plaisait à lancer des troupeaux entiers de ce « gros gibier » du haut des falaises de Solutré, avant de penser à l'élever pour utiliser sa force.

Dans toutes ses réactions, il faut considérer le cheval que vous allez attraper, débourrer et dresser, comme un animal de fuite qui cède à la panique dès qu'il se sent pris au piège. L'instinct grégaire (instinct de groupe) qui l'anime, explique ses réactions d'ennui lorsqu'il est seul, ou de crainte lorsqu'il ne peut s'enfuir. Pendant le débourrage, un jeune cheval doit avoir « confiance en l'homme ». Toute pédagogie s'associe sur la parfaite connaissance des méthodes d'enseignement et surtout du sujet qui reçoit la leçon. Les réactions du cheval sont différentes des nôtres et pour communiquer harmonieusement avec lui, il faut d'abord apprendre à le connaître.

■

Comment voit-il ?

Première constatation, le cheval ne voit pas de la même façon que nous, mais tous les scientifiques sérieux ont écarté les thèses du cheval qui « voit sept fois plus grand que l'homme », et autres affirmations sans preuves.

L'œil du cheval est plus gros que celui de l'éléphant et celui de la baleine. La position latérale des yeux conditionne sa vision. Il bénéficie d'un champ visuel très large : environ 340° sur les 360° que compte le tour complet avec deux petits angles morts, juste devant et derrière lui. Par conséquent, approchez toujours le cheval de côté afin de ne pas le surprendre. La vue latérale d'un seul œil ne lui permet pas de percevoir le relief (vue monoculaire). Un champ aveugle lui interdit de voir droit devant lui sur un peu plus d'un mètre. Au delà, il voit en relief (vue binoculaire). Donc, laissez-le tourner légèrement la tête lorsqu'un obstacle se situe devant lui. Le cheval perçoit les détails moins bien que nous, mais il est très sensible aux mouvements. Ceci explique ses inquiétudes, à la vue d'un objet qui se meut dans le lointain. Pensez-y lorsque vous le travaillez et ne vous

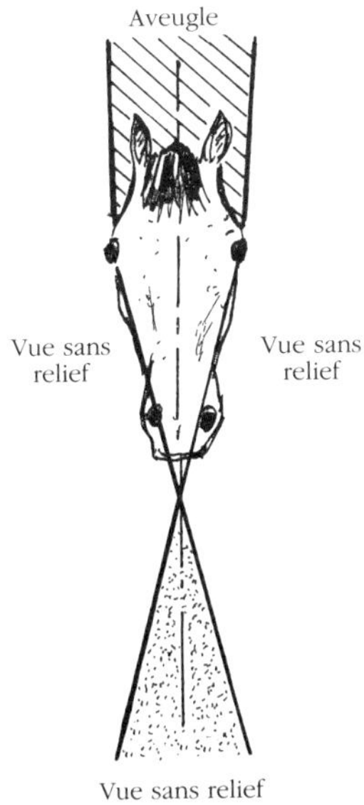

La vision du cheval

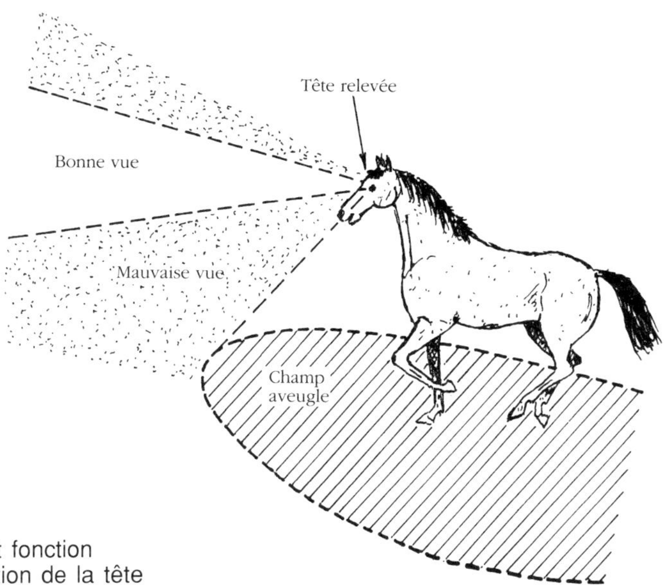

La vue est fonction de la position de la tête

étonnez pas de sa peur panique si un simple objet frémit dans son champ visuel.

On dit souvent que le cheval voit la nuit. Son œil est en effet muni d'un véritable système d'intensification de la lumière. Dans le noir, il voit mieux que nous, mais quelles sont exactement ses performances nocturnes ? Les veneurs, qui rentrent souvent la nuit et par tous les chemins, donnent le conseil suivant : « Le cheval voit où il met ses pieds, tant qu'en selle, vous apercevez encore ses oreilles ». Notez qu'il ne dort pas plus longtemps la nuit que le jour. Desmond Morris, spécialiste du comportement animalier, dit du cheval qu'il est un animal nocturne.

■

Comment entend-t-il ?

L'ouïe du cheval est étonnante. Non seulement elle perçoit des sons que nous n'entendons pas mais ses oreilles, extrêmement mobiles, s'orientent vers l'origine du bruit et le localisent bien mieux que nous. Au cours du débourrage ou du dressage, évitez les excès de bruit qui le perturbent et l'affolent parfois. Profitez, en revanche, de son acuité acoustique pour communiquer avec votre voix.

■

Son goût et son odorat

L'odorat du cheval sert peu lors de son dressage. Sachez cependant que l'étalon peut sentir une jument en chaleur à plusieurs centaines de mètres, ce qui le détourne de son travail. Deux chevaux qui ne se connaissent pas, établissent le contact en se sentant mutuellement. La suite peut dégénérer en comportements agressifs ou au contraire, être l'amorce d'une entente. Dans un troupeau de « juments suitées », le poulain reconnaît toujours sa mère. Aux championnats mondiaux d'équitation, à Stockholm en 1990, nous avons goûté un spectacle d'une rare qualité. Pour présenter leur élevage, les Suédois ont aligné sur un côté du grand stade olympique plus de cent poulinières « suitées » tenues en main. Elles furent ensuite déplacées sur l'autre côté du stade pendant que les poulains étaient maintenus en place. Lorsque les cent poulains furent lâchés, nous avons assisté à une attachante galopade pour rejoindre les mères qui étaient tenues. Quelques secondes plus tard, chaque poulain était sous sa mère, sans qu'un seul ne se soit trompé. Pensez donc à tenir compte de l'odorat du cheval. Face à un objet insolite, sécurisez-le en le lui faisant renifter. Si vous le changez de box, attendez-vous à ce que les odeurs étrangères l'inquiètent pendant quelque temps. Le goût a également son importance dans le débourrage et vous obtiendrez plus avec un morceau de sucre, une pomme, ou un croûton de pain, qu'avec la cravache. Le commerce propose des croquettes vitaminées qui servent de friandises.

Ses moyens de communication

Le cheval dispose de tout un langage (attitudes, grimaces et sons) pour communiquer avec les autres chevaux et également avec l'homme. La plupart du temps, il prévient de ses réactions. Connaître ses différents

Oreilles droites et mobiles : cheval attentif

Oreilles tombantes : sommeil ou fatigue

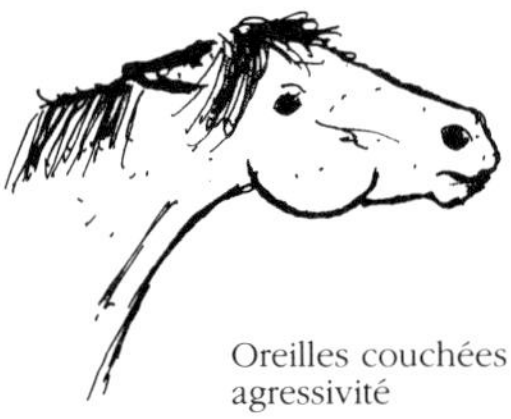

Oreilles couchées : agressivité

Oreilles couchées et bouche ouverte : prêt au combat

Le langage des oreilles

moyens d'expression permet de mieux le comprendre et donc de mieux le dresser.

LES OREILLES

Indépendamment du fait d'écouter, la position des oreilles varie en fonction de l'humeur. Sachez interpréter leur attitude.

Oreilles droites et en mouvement :
C'est la position du cheval qui surveille normalement son entourage. Il vous écoute en restant attentif à tout ce qui l'entoure.

Oreilles molles, voire tombantes :
Le cheval sommeille, son encolure est basse avec parfois la lèvre inférieure tombante. Les oreilles du cheval fatigué ou malade ont également cette position. En outre, la position tombante est une position de soumission.

Oreilles dressées et tournées vers l'avant :
Le cheval est attentif, il relève la tête. Elles prennent cette position lorsqu'il rencontre un objet insolite.

Oreilles verticales : début de méfiance.

Une oreille en avant, l'autre en arrière : le cheval n'a pas compris quelque chose. Servez-vous de ce signe pendant le débourrage.

Oreilles du cheval monté, tournées vers l'arrière :
il est aux aguets et se méfie de son cavalier, ce qui est normal au début du débourrage. Couchées pendant le travail : le cheval est rétif et travaille de mauvaise grâce. N'a-t-il pas mal au dos ? Les oreilles couchées correspondent au froncement des sourcils chez l'homme. C'est un premier signe de mécontentement, lorsque vous le sellez par

exemple. Attention, le cheval chatouillé par le pansage ou le sanglage, peut vous « chiquer » vivement mais sans agressivité. À un stade supérieur, il montre ses dents, couche complètement les oreilles qui semblent disparaître et ouvre parfois une bouche énorme en se jetant sur son adversaire. À ce stade, il est dangereux et peut également botter. En se préparant au combat, il couche ses oreilles pour les « mettre à l'abri » et éviter qu'elles soient mordues.

LA QUEUE

La queue est signe d'énergie. Elle doit résister avec force lorsque vous la soulevez. À l'herbage, et c'est normal, la queue s'agite pour chasser les mouches. Au travail, une longue rêne peut se coincer sous la queue en mouvement : le cheval s'affole généralement. L'observation de la queue apporte de nombreux renseignements sur l'état psychologique du cheval :

Queue portée haut :
« La queue sur le dos » est signe de gaieté. C'est l'attitude du cheval libéré qui pique un galop ou un trot allongé dans la pâture.

Queue plaquée entre les cuisses : méfiance

Queue entre les fesses :
S'il serre la queue fortement entre les fesses...méfiance, il s'apprête à ruer. En voussant le rein et en serrant la queue entre les fesses, il vous montre qu'il appréhende quelque chose ou qu'il a peur.

Queue fouillant : agacement

Les mouvements de la queue servent à chasser les mouches : Le fouaillement de la queue pendant le travail indique une irritation : il chasse une mouche imaginaire. Pensez-y lorsque vous montez le jeune cheval.

Notez qu'en maintenant fortement la queue en position haute, vous empêchez le cheval de ruer.

LES SONS

Le cheval émet peu de sons, mais suffisamment pour compléter sa panoplie de moyens de communication. Ils servent, pour la plupart, à communiquer avec le troupeau en donnant l'alerte, par exemple.

Pour le débourrage, la signification de certains sons vous sera utile.

En expulsant brièvement l'air par ses naseaux, le cheval manifeste son contentement. On parle parfois de **renâclement**.

Il peut également émettre des **ronflements**, signe de grande peur ou d'excitation à la vue d'un objet insolite. Il peut également **grogner** de douleur, par exemple après un obstacle.

Le **couinement** bref et aigu est surtout utilisé par les juments pour manifester leur mauvaise humeur, souvent en présence d'autres juments. Généralement, elles couchent les oreilles : attention aux coups de pied !

Restent les différents **hennissements** qui ne peuvent être décrits dans un livre. Le hennissement est une demande d'information et Buffon en distinguait cinq sortes. Un cheval isolé ne cesse de hennir d'inquiétude pour appeler ses compagnons.
Le petit hennissement sourd est un signe d'amitié ; pour indiquer sa présence, l'étalon hennit puissamment. Comme l'homme, le cheval est reconnaissable au son de « sa voix ».

ATTITUDES ET EXPRESSIONS CORPORELLES

En liberté, le cheval secoue sa tête pour écarter les mouches qui le harcellent. Sans la présence des mouches, les mouvements de la tête doivent être interprétés comme une expression d'agacement. Si le jeune cheval tend l'encolure vers vous en faisant semblant de mordiller, ne le châtiez pas, c'est tout simplement une incitation au jeu. S'il vous bouscule en vous donnant un « coup d'épaule », réagissez et ne vous laissez pas faire ; il vous teste et essaie de vous intimider. C'est le premier échelon dans l'escalade de l'agressivité.

Le cheval agacé lève parfois un membre à titre dissuasif. Il prévient qu'il pourrait botter. Il frappe parfois le sol avec un pied, en signe de protestation.
Le cheval aime « faire semblant » pour mesurer l'effet qu'il produit sur son entourage, le dresseur en l'occurrence.
Apprenez à décrypter son langage vocal et corporel, vous apprendrez alors à mieux deviner ses réactions.

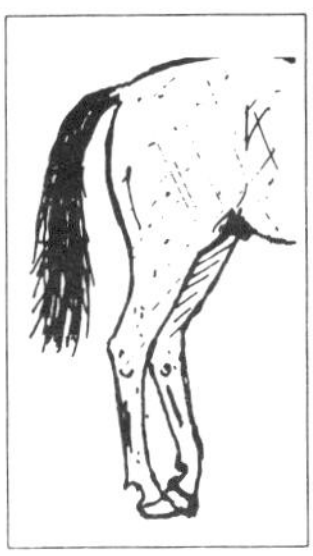

Normal

Irrité

Attentionné

Tendu

Attitude des membres postérieurs

QUELQUES GRIMACES ET EXPRESSIONS FACIALES

Le cheval fait peu de grimaces. Le foal se livre parfois à une curieuse mimique souvent mal interprétée : il découvre ses dents en étirant les coins de ses lèvres vers l'arrière et ouvre et referme pliisieurs fois ses mâchoires en claquant parfois ses dents. Ne vous y trompez pas, cette attitude n'est nullement agressive, mais correspond à une conviviale demande de toilette mutuelle.

Le flehmen

L'étalon, après avoir senti la vulve d'une jument en chaleur, étend son encolure et sa tête en retroussant sa lèvre supérieure d'une manière bien caractéristique. C'est « le réflexe de Flehmen » par lequel il hume cette odeur intime. En présence d'une odeur qu'elle ne connaît pas, la jument peut avoir la même attitude. Parfois, le cheval « fait son œil blanc », ce qui le rend impressionnant ; si l'œil est cerclé de blanc, c'est tout simplement parce qu'il regarde en arrière sans que cela témoigne pour autant d'agressivité.

Curiosité et gourmandise

Laissez traîner un *objet insolite* dans la pâture. Le cheval, curieux de nature, finira par s'en approcher pour le flairer et l'ignorer ensuite s'il ne présente aucun danger pour lui.

Il est également *gourmand*, et tous les dresseurs se servent de cette inclination.
À Vienne, les écuyers portent un habit dont les pans arrières sont munis de poches pleines de sucres et de friandises diverses. Chaque exercice réussi est récompensé.

Combien de cavaliers voit-on passer un temps infini à faire monter un cheval dans un van et oubliant de le récompenser lorsqu'il a enfin obéi. Une friandise l'aurait pourtant incité à mieux monter pour les fois suivantes. Lorsque vous attrapez un cheval en pâture, n'oubliez jamais de le récompenser dès que vous lui avez passé le licol. Vous gagnerez du temps une prochaine fois !

Interprétation de quelques réactions

Il est rare que le cheval attaque sans avoir prévenu. À l'état sauvage, même s'il sort vainqueur d'une rixe, ses blessures le rendent vulnérable face aux prédateurs qui le guettent. Ceci explique tous les prémices dissuasifs qui précèdent un combat.

Si vous surprenez un cheval, même très doux, par l'arrière et surtout s'il somnole, attendez-vous à ce qu'il botte. Il agit ainsi par crainte d'un agresseur plus que par méchanceté. Nous l'avons vu, le cheval, même domestiqué, reste fondamentalement inquiet.

J'ai assisté, il y a quelques années à une redoutable bagarre de chevaux qui mérite réflexion. Pendant une halte, en randonnée, nous avions attaché dans une stalle étroite un hongre et une jument qui se côtoyaient depuis plusieurs jours sans manifester aucune agressivité. Quelques heures plus tard, alors que tout semblait paisible, la jument se mit à décocher au hongre une terrible série de ruades sans que le pauvre, en bout de longe, ne puisse s'échapper. La suite fut dramatique. Comment interpréter cet acharnement de la jument ? En fait, lorsqu'un cheval veut s'imposer à un autre, il déclenche une série d'attitudes et d'actions dissuasives qui ont pour effet d'éloigner celui qui se soumet. Dans cet exemple, la jument n'a certainement pas botté dès le départ mais, comme le pauvre hongre attaché ne pouvait se soumettre en s'éloignant, elle continua à s'acharner sur lui pensant qu'il lui tenait tête. Tenez-en compte, le combat cesse dès que l'adversaire présumé, le dresseur par exemple, s'éloigne.

On dit que le cheval, peu dressé surtout, ne supporte pas l'attache fixe. Les randonneurs le savent bien et attachent toujours les chevaux dont ils ne sont pas sûrs à une branche souple. Se sentant maintenu prisonnier par son attache, le cheval peut paniquer et « tirer au renard » avec une force terrible. Il peut se blesser à la nuque ou, plus grave, se renverser si le licol casse. Tenez-en compte lorsque vous attachez un jeune cheval.

■

Faites vos expériences

Lorsque vous allez chercher votre jeune cheval dans sa pâture, observez son comportement avec ceux de son espèce. Rien ne vaut la comparaison pour juger de son caractère. Vient-il le premier à vous, ou au contraire est-il le dernier à se laisser attraper ?
– Mène-t-il le troupeau, ou se laisse-t-il mettre à l'écart, lors de la distribution de nourriture ?
– Est-il, plus que les autres, inquiet lorsque vous l'isolez du troupeau ou se révèle-t-il indépendant dans ce cas ?
– Lorsque vous le travaillez, sachez estimer le moment où il commence à rechigner, mais ne cédez pas immédiatement car vous lui

donnerez le moyen de vous imposer sa volonté.
– Il est important de savoir qu'un cheval, au départ, ne connaît pas sa force. C'est dans ses relations avec son entourage, le dresseur en l'occurrence, qu'il en prend conscience. Si, à la suite d'une réaction dissuasive, vous reculez, il interprétera ce geste comme une soumission et récidivera certainement.

Quel que soit son niveau de dressage, évitez à tout prix qu'il « trouve des défenses » dont il usera pour refuser votre autorité.

ÉDUCATION ÉLÉMENTAIRE

Les premiers contacts du cheval avec l'homme sont déterminants. Il inscrit en effet dans sa mémoire l'impression qu'il ressent à votre contact : méfiance, affolement, confiance etc. Le dresseur doit progressivement gagner la confiance du jeune cheval tout en se faisant respecter.
Dès son plus jeune âge, il est préférable d'établir un contact régulier avec le poulain. Ce n'est cependant pas une obligation, si l'on juge le dressage des chevaux de race Camargue par exemple qui vivent à l'état sauvage sans aucun contact avec l'homme, jusqu'à leur débourrage.

Votre attitude avec le jeune cheval

Dès le départ, donnez au cheval la notion de bien et de mal. Le bien mérite une récompense, caresse, friandise et le mal induit une punition : grosse voix, coup de cravache ou de chambrière. Avec un jeune cheval, restez calme, patient mais toujours déterminé. Toute excitation de votre part se transmet à l'animal. Essayez de « penser cheval » car vous savez maintenant ce qui guide ses réactions. Lorsque vous lui demandez quelque chose, assurez-vous qu'il l'a bien comprise. La douleur et le plaisir qu'il ressent influent sur ses réactions. Un cheval blessé à la bouche par exemple, ne peut répondre correctement aux indications du mors. Dans ce cas, le travail que vous lui demandez est ressenti comme un supplice. Un cheval qui a mal au dos, fera tout pour se débarrasser de son cavalier. Il faut le comprendre ! Combien de cavaliers oublient de penser aux courbatures du jeune cheval dont la musculature n'est pas encore prête à supporter longuement un poids qui n'est pas naturel. Son attention ne peut être soutenue longtemps. Prévoyez des leçons courtes et récompensez-le souvent. Ne châtiez pas un jeune cheval qui joue sans vous manquer cependant de respect.

Attraper le cheval en pâture

Un des premiers contacts avec l'homme consiste à se laisser attraper en pâture. Armez-vous de patience. Voici quelques astuces pour vous y aider.

LE POULAIN AVEC SA MÈRE

Vers six mois, le poulain est séparé de sa mère, c'est le sevrage. Tant qu'ils sont ensemble, la mère le protège en se plaçant entre le danger – vous – et son poulain. Le poulain d'une jument sauvage est toujours plus difficile à approcher. La meilleure solution consiste à emmener la mère suivie du poulain dans un box et à l'attraper à l'intérieur. Méfiez-vous des réactions brusques de la mère. Deux personnes sont nécessaires pour maîtriser le poulain. Pour pouvoir le « manipuler » par la suite, mettez-lui un licol équipé d'une courte longe qui reste en place. Dans le box, vous pouvez le maîtriser progressivement en le maintenant avec une longe passée dans

Licol de poulain

un anneau, mais sans l'attacher. Lorsque vous menez le poulain avec sa mère, utilisez l'astuce décrite au croquis. Le poulain est ainsi contraint de rester près d'elle. En Hongrie, par exemple, on voit couramment une jument au travail suivie du poulain qui gambade librement. Les gitans attellent les juments et laissent les poulains suivre leur mère ; un peu plus tard, ils attachent les poulains près des juments pour qu'ils s'habituent naturellement à leur futur métier.

LE JEUNE CHEVAL

En pâture, prenez tout votre temps pour attraper le jeune cheval. Un seau garni d'aliments, ou un morceau de pain sec aident à l'attirer. Habituez le cheval à votre présence avant de vouloir l'attraper. Si le jeune cheval

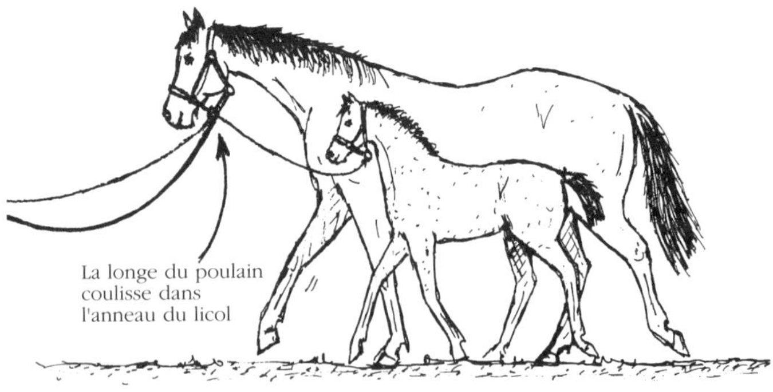

est avec des chevaux dressés, ne vous intéressez pas immédiatement à lui, mais prenez contact avec les autres. Il prendra ainsi confiance en vous. Lorsque vous approchez un jeune cheval, faites en sorte de ne pas l'impressionner, avec des couleurs vives par exemple. L'expérience montre que les chevaux se laissent mieux approcher par des enfants dont la silhouette n'est pas impressionnante.

Dans un box, allez vers la tête du cheval qui va certainement essayer de se tourner. Restez calme, parlez-lui et apprivoisez-le avec une friandise : pain, carotte, poignée d'aliments. Tendez-lui la main, laissez-le vous flairer puis caressez-le dès qu'il accepte le contact de votre main. S'il est agressif, faites la grosse voix car la douceur n'exclue pas la fermeté. Faites tenir la porte, par mesure de prudence au cas où vous devriez sortir prestement. N'entrez pas à plus de trois personnes dans le box, vous vous gêneriez. Les poulains mâles qui ne sont pas encore castrés, se cabrent souvent et tapent très dangereusement avec les antérieurs. Ils ont également tendance à mordre.

Mener le jeune cheval en main

Ajuster correctement le licol pour éviter qu'il ne s'enlève si le cheval tire en arrière. La longe doit être relativement longue avec un nœud à son extrémité pour éviter qu'elle ne glisse dans la main lors d'une traction. Ne le tenez pas trop court et surtout ne tirez pas sur la longe pour qu'il vous suive. Cela se traduit par la réaction contraire : le cheval recule. Au début, placez-vous à gauche et faites « pousser » doucement le cheval par un aide. Généralement, il bondit vers l'avant plusieurs fois avant de comprendre qu'il doit avancer. Récompensez-le d'une caresse dès qu'il a accepté de vous suivre. Ne tolérez pas qu'il vous devance, mais marchez vite, car le pas du cheval est plus rapide que celui de l'homme. S'il s'arrête par peur d'un objet, laissez-le flairer ce qui l'inquiète, caressez-le et faites-vous aider par un aide qui le sollicite sur l'arrière avec une badine. Généralement, la « grosse voix » de l'aide placé derrière suffit. Habituez progressivement le cheval à vous suivre partout, sans qu'il « se laisse tirer », et surtout, sans qu'il vous dépasse. Il doit rester à votre droite. Lorsque vous vous arrêtez, il doit également s'arrêter. Profitez-en pour l'habituer à l'ordre de l'arrêt : « oh...Là », répété plusieurs fois.

Le nœud au bout de la longe

Les premiers pansages

Les chevaux libres éprouvent le besoin de se gratter. Ils le font contre les troncs ou les branches des arbres, mais préfèrent souvent se gratter mutuellement : c'est le grooming. Deux par deux, par affinité, les chevaux se grattent mutuellement, signe d'une amitié réciproque. Tout comme le grattage, le frottement de la brosse est perçu comme un

Contact en douceur

signe d'amitié. Attention à ne pas le chatouiller, ce qui le ferait réagir.
Dans un premier temps, passez la longe dans l'anneau d'attache et tenez-la d'une main sans la nouer. Le cheval bénéficie ainsi d'une certaine liberté sans se sentir attaché. Passez votre main nue sur le garrot, la croupe, l'encolure, le dos en descendant progressivement le long des côtes : et ceci des deux côtés en l'habituant progressivement à des tapotements. Au début, évitez de lui toucher la tête et surtout les oreilles. En approchant de son arrière main, il peut réagir par des ruades ; ne les provoquez pas tant qu'il n'est pas décontracté. Après une période de méfiance, il comprend rapidement que ces caresses et ces grattages lui sont agréables. Vous pouvez alors étendre les zones de

contact et le toucher progressivement sur tout le corps en vous méfiant particulièrement lorsque vous approchez des membres postérieurs. Le grattage du garrot et les caresses de l'œil lui sont particulièrement agréables et décontractants. Après la main, habituez-le au contact du bouchon (brosse en chiendent). Evitez les gestes brusques et laissez-le flairer le bouchon, s'il semble l'inquiéter. S'il témoigne des signes de chatouillement au passage de sangle, n'insistez pas. En lui brossant la tête, vous pouvez passer la brosse sur les yeux, mais toujours en descendant pour que la paupière protège son œil. Dans les débuts, ne touchez pas aux oreilles tant qu'il se défend. Généralement il se laisse toucher les oreilles lorsque la main remonte le long de l'encolure et les atteint par l'arrière. Progressivement, brossez les membres en respectant les mesures de sécurité décrites au chapitre suivant. S'il fait mine de botter, dissuadez-le d'une grosse voix. Quelques jours plus tard, le cheval se laisse toucher sur tout le corps, avec souvent des réticences pour les oreilles et les membres postérieurs. Soyez patient, mais ne supportez aucun caprice. N'oubliez jamais de lui parler avec douceur, cela le sécurise.

Sur la peau fine du jeune cheval, n'utilisez pas l'étrille. Profitez des premiers pansages pour toiletter progressivement sa crinière en arrachant les crins morts. Avec la brosse, insistez sur le passage de sangle, pour l'habituer à son futur métier. Consultez le chapitre : Pensez à votre sécurité.

La technique et l'ordre de pansage sont décrits en détail dans l'ouvrage : *Le nouveau palefrenier-soigneur* de cette même collection.

■

Lever et tenir les pieds

Apprenez rapidement au jeune cheval à se laisser prendre les pieds. C'est indispensable pour curer les sabots et préparer le travail du maréchal-ferrant. Commencez par le membre gauche, côté où il est le plus habitué à votre présence. Pour les membres du côté droit, inversez les positions décrites ci-après.

LEVER LES ANTÉRIEURS

Placez-vous sur le côté gauche, à hauteur de l'épaule en vous tournant vers l'arrière.

Glissez votre main à partir du garrot, le long de son membre en vous méfiant qu'il ne vous

ANTÉRIEURS

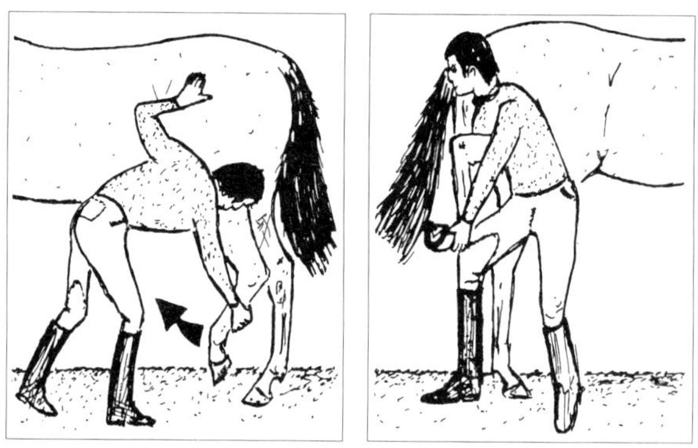

POSTÉRIEURS

Lever les pieds

morde pas. Tenez le paturon, et attirez-le légèrement vers vous et vers le haut pour le décoller du sol. Avec l'autre main, vous pouvez « casser le genou » comme l'indique le croquis. Personnellement, je suis contre la méthode qui consiste à pousser l'épaule vers la droite pour soulager le membre gauche et le lever de force. Je préfère user de patience pour qu'il donne volontairement son pied. Une astuce consiste également à pincer le membre au niveau du pli arrière du genou, dans le but de le décontracter. Vous pouvez également soulever le pied en tirant sur le fanon. Quoi que vous demandiez au cheval, assurez-vous qu'il a compris votre désir avant d'estimer qu'il vous résiste. Dès que le pied est levé, récompensez-le avec la voix et les caresses. Recommencez plusieurs fois pour vous assurer qu'il a bien compris, mais sans l'agacer. Plus tard, vous pourrez lui apprendre à donner les deux pieds du côté gauche. C'est très pratique et cela évite de changer de côté lorsque vous lui curez les pieds ou que vous verifiez la ferrure.

LEVER LES POSTÉRIEURS

Prudence, car la plupart des jeunes chevaux rechignent et tentent de vous botter. Pour lever le postérieur gauche, placez-vous à sa gauche, tourné vers l'arrière avec la main gauche contre sa hanche. De cette façon, il vous pousse de côté en tentant de vous « présenter ses fesses ». Caressez longuement sa cuisse, et descendez progressivement la main en le caressant. Tout mouvement de la queue est signe de danger et une grosse voix de votre part suffit souvent à dissuader son agressivité d'autodéfense. Arrivé au pli du paturon, décollez progressivement le pied du sol et attirez-le vers l'avant. S'il cède, caressez le cheval, et posez le pied. C'est à vous de décider, pas à lui ! Si l'opération devient trop dangereuse, consultez le chapitre « trucs et astuces ». Le secret de la réussite consiste à demander souvent, peu à la fois mais à sortir toujours vainqueur lorsqu'il rechigne à vous obéir. Après quelques jours, attirez le postérieur vers l'arrière, et placez-le contre votre cuisse gauche. Attention, n'attirez pas le membre vers l'extérieur, car ses ligaments articulaires en souffriraient. Avec la main gauche, soulevez légèrement la queue en la tenant par sa partie rigide (couard). Un aide le récompense lorsque le pied est tenu sans défense. Pour le poser, dégagez-vous latéralement et placez à nouveau votre main gauche contre sa hanche. De nombreux chevaux essaient de botter à ce moment.

Comme pour les antérieurs, vous pourrez, par la suite, l'habituer à vous donner ses quatre pieds du côté gauche.

■

Pensez à votre sécurité

Un cheval peut se défendre de plusieurs manières. Voici les plus fréquentes :
– Bondir soudain en avant.
– Se cabrer et parfois bondir en même temps en avant.
– Mordre : c'est fréquent chez les entiers.
– Vous bousculez avec son épaule.
– Tourner ses postérieurs vers vous et botter.
– Si le sujet est vicieux et habile – cela va de pair en général – il peut alors taper sur le côté avec un postérieur sans tourner les fesses.
– Il peut également se jeter brusquement en arrière au risque de se retourner en cassant

sa longe. On dit dans ce cas qu'il « tire au renard ».

Lorsque vous intervenez sur les postérieurs, placez un aide à la tête qui le caresse et le calme de la voix.

Le fait de placer un vieux cheval à côté de lui le sécurise également.

Si vous êtes placé à sa gauche, faites en sorte qu'il soit légèrement incurvé dans ce sens ; au cas où il botte, ses coups ne peuvent vous atteindre.

Avant de botter, le cheval plaque sa queue entre ses fesses. Pour l'empêcher de botter, soulevez-la en saisissant le couard (partie rigide de la queue).

Mettez-vous tout près du cheval : ses coups éventuels vous pousseront sans cependant porter. Les coups de pied en « fin de course » sont les plus dangereux. Il faut se placer, soit très près, soit hors de sa portée.

BUTS DU DÉBOURRAGE

Sorti de la pâture, le jeune cheval est progressivement éduqué tout en faisant l'apprentissage de son métier : celui de cheval de selle. Tels sont les premiers buts du débourrage. Le dressage qui s'ensuit le spécialisera : cheval d'obstacle, d'attelage, de randonnée, d'endurance, de dressage etc.

Pendant le débourrage, il apprend à communiquer avec l'homme et forge son caractère tout en acceptant de se soumettre à ses ordres. Le travail auquel il est progressivement soumis tend à harmoniser sa musculation et à améliorer ses capacités respiratoires. On dit qu'il « vient progressivement en souffle et en muscle ». Il augmente progressivement sa résistance à l'effort.

■

Veillez à son intégrité

Même s'il a atteint sa taille adulte, il est encore fragile. Ses surfaces articulaires sont encore fragiles jusqu'à cinq ans environ. Ménagez donc le travail et les efforts du jeune cheval, même si sa fougue naturelle le pousse à outrepasser la résistance de son squelette et de ses tendons. Surtout s'il « a du sang » et de l'énergie à revendre, il faut éviter que « la lame n'use le fourreau ». Un poulain au débourrage doit être surveillé et nourri correctement. Veillez également à conserver sa gaieté naturelle, qu'un excès de travail ou une trop grande rigueur peuvent ternir. La brillance de son poil constitue un bon indicateur de son état de santé. Si le poil ternit, même si le cheval ne maigrit pas, cherchez-en la cause.

■

Programme du débourrage

Comme toute formation, le débourrage répond à un programme à peu près identique quelles que soient sa race et sa destination. Le but principal est de le « mettre en avant » sans jamais le laisser reculer par défense. On peut considérer que le débourrage est terminé lorsque le jeune cheval :
– accepte la perte de la liberté, la soumission à l'homme et la vie à l'écurie ;
– accepte de porter un cavalier aux trois allures, seul ou en groupe, dans une carrière mais également à l'extérieur ;
– répond aux aides simples : tourner, se porter en avant, varier les allures et s'arrêter ;
– communique avec le cavalier par des ordres conventionnels (ce qui n'est malheureusement pas toujours le cas) ;
– accepte les premières « manipulations » : pansage, marcher en main, donner ses pieds pour les curer et préparer le ferrage...

■

Quand et combien de temps ?

La durée du débourrage dépend du cheval, de sa race, de la compétence du dresseur, de son niveau d'exigence et de ses impératifs économiques. J'ai vu des chevaux qui partaient en promenade après deux séances de débourrage et par la suite continuaient à être montés tous les jours. La première éducation du cheval débute pratiquement dès sa naissance ; mais considérons que le véritable travail de débourrage commence au cours de sa troisième année. Certains éleveurs remettent ensuite le jeune cheval, pendant une année, en pâture pour qu'il continue son développement naturel. Il commencera son dressage à quatre ans. Dans la cavalerie, les chevaux n'étaient débourrés qu'à quatre ans et assuraient ensuite de très longs services. Les pur-sang de course, particulièrement précoces, commencent leurs premières courses à dix huit mois.

Le cavalier-propriétaire qui prend plaisir à débourrer son cheval peut compter environ deux semaines pour arriver à un résultat efficace basé sur la patience. Tout échec au cours d'une leçon nécessite un long rattrapage et compromet l'harmonie du débourrage.

LE TRAVAIL
À PIED

Schématiquement, le débourrage du jeune cheval consiste à lui « faire le dos et la bouche » pour qu'il accepte le poids du cavalier et pour qu'il se laisse conduire avec une embouchure. Faut-il l'habituer au poids du cavalier d'abord ou bien commencer à lui apprendre la conduite ? Les avis divergent sur ce point. Monter un jeune cheval aux réactions imprévisibles n'est pas toujours aisé et même un cavalier expérimenté risque de meurtrir douloureusement la bouche encore « vierge » du poulain aux premiers sauts de mouton. Je préfère la méthode dite « irlandaise » où le cheval n'est monté qu'après lui avoir appris, avec les longues rênes, à se laisser guider. Au départ, le cheval est méthodiquement mis sur le cercle dans un travail à la longe.

■

Le travail à la longe

Le travail à la longe apprend au jeune cheval à se porter en avant et à régler ses allures en obéissant aux ordres du dresseur. Le travail sur le cercle le muscle et l'assouplit. Il s'habitue progressivement à l'autorité de l'homme à qui il ne peut échapper. C'est à la longe que le poulain est habitué au contact de la selle et de la sangle. Dans un premier temps, il est préférable de se faire assister d'un aide. Après quelques leçons de longe

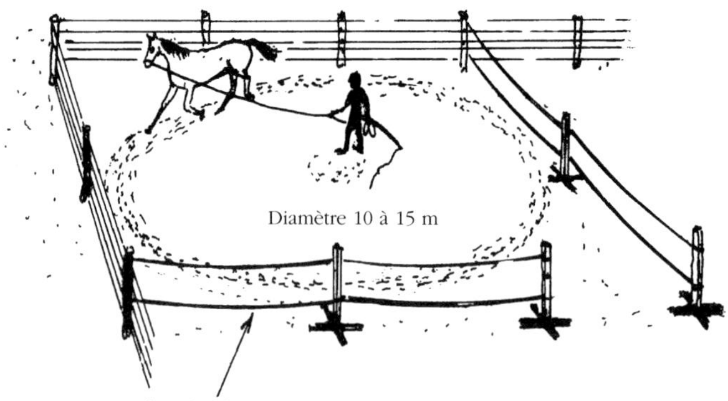

Rond de longe
dans un coin de pâture

bien conduites, le cheval évolue aux trois allures sur le cercle en obéissant à la voix, et aux indications de la chambrière. Il accepte la selle ou le surfaix sans se défendre. Voici, comment y parvenir dans le calme.

OÙ LONGER LE CHEVAL

L'endroit idéal est le rond de longe d'un diamètre compris entre 10 et 15 mètres. La piste en sable est souple sans être profonde, pour ne pas fatiguer les boulets du cheval. Le bord extérieur est légèrement relevé, c'est-à-dire en dévers. Le meilleur rond de débourrage que j'ai vu, était bordé d'une haie serrée. Même en tombant, le cavalier, ou le cheval, ne peuvent se blesser.

Si, comme c'est souvent le cas, vous ne disposez pas d'un rond, servez vous du coin d'une carrière ou d'une pâture. Des barres et des chandeliers délimitent un carré où s'inscrit la piste ronde. Travaillez toujours le cheval, au même endroit. Il en prend ainsi l'habitude.

LE MATÉRIEL NÉCESSAIRE

Le caveçon

Le harnachement classique du travail à la longe est le caveçon et une longe plate d'environ 10 mètres qui se fixe sur un anneau de la muserolle. Le bon caveçon est rembourré pour éviter de blesser le chanfrein. Si vous n'en avez pas, utilisez un licol bien adapté et fixez la longe sur l'anneau latéral de la muserolle.

Par la suite, vous pourrez l'emboucher avec un filet à gros canon et une longe disposée en « enrênement Colbert » (voir plus loin).

Une longue chambrière est indispensable pour le travail à la longe. Les modèles en synthétique sont pratiquement incassables. Consultez le chapitre sur les trucs et bricolages pour la fabrication d'un modèle économique.

Protégez vos mains avec des gants, car les frottements de longe brûlent cruellement les doigts.

COMMENT LONGER

Commencez à placer et à ajuster le caveçon dans le box et boucler la longe en place sur l'anneau. Le cheval a déjà l'habitude du licol et ne fait pas la différence avec le caveçon. Au départ, posez la chambrière au milieu du rond de longe. Mettez le cheval sur la piste, à main gauche. Par mesure de sécurité, la longe est tenue comme l'indique le croquis. Ainsi tenue, elle ne risque pas de faire de boucle autour du poignet.

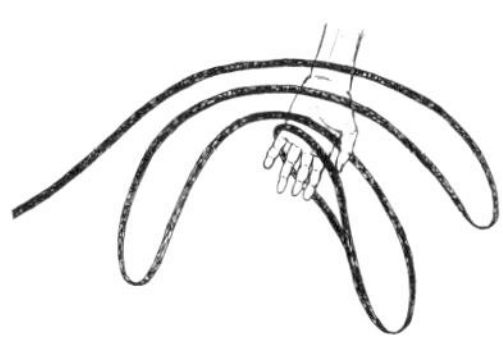
Tenue de la longe

Pour commencer, un aide placé à la tête conduit le cheval sur la piste. Il se « fait ensuite oublier » en se laissant progressivement dépasser. L'aide reste cependant derrière le cheval pour le « pousser en avant » s'il rechigne à avancer. Ne le laissez en aucun cas reculer par défense. Par la suite, faites-le « démarrer » seul. Mettez-le sur la piste, laissez filer légèrement la longe et placez-vous à hauteur de sa croupe. Une petite tape sur la cuisse le porte en avant. Avancez, et progressivement laissez filer la longe, qui doit rester tendue. Il est impératif qu'il conserve le « mouvement en avant » sans s'arrêter ni reculer. Vous décrivez alors un cercle plus petit que lui. En cas de difficulté, l'aide porte le cheval en avant. Ramassez la chambrière, tandis que le cheval marche, et dirigez-la derrière vous, sans la lui montrer. Dès qu'il ralentit, montrez-lui la chambrière et faites lui en « goûter » légèrement. Ne le laissez pas se rapprocher de vous. Des oscillations de la longe et la vue de la chambrière – qu'il commence à craindre – vous y aideront. La longe doit rester tendue sans que le cheval ne tire. Parcourez un cercle qui se réduit progressivement. Dirigez-vous toujours vers son arrière main, en regardant les fesses ;

« Faites-le démarrer seul »

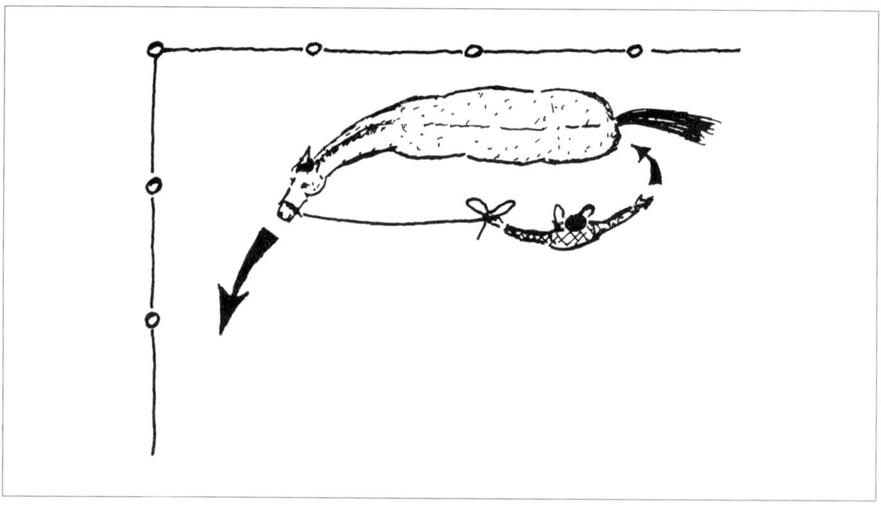

c'est un des secrets du travail à la longe. Tout ce qui se passe en arrière de la sangle l'incite à avancer. En revanche, si vous vous dirigez vers l'avant de la sangle, cela incite le cheval à ralentir et éventuellement à faire demi-tour.

LES ORDRES DE LA VOIX

Evitez de discuter pendant le travail, car vous allez lui apprendre les premiers ordres qu'il doit reconnaître par la suite...

Premier principe : *l'intonation* est déterminante et les ordres, toujours identiques, doivent être brefs. Une voix douce et traînante apaise mais les ordres doivent être courts et plutôt aigus. Il faut prévenir d'abord et ordonner ensuite. Prenons un exemple révélateur. Pour l'arrêt, le cheval, même dressé, doit être prévenu. L'ordre « Oh... Là » qui correspond à l'arrêt se décompose de la manière suivante. Dites « Oh » en laissant traîner la voix pour le prévenir. Au son « Là », exprimé sèchement, le cheval dressé doit s'arrêter pratiquement sur place.

Au début, le cheval obéit à *la chambrière* dont il connaît l'effet pour se mettre en avant ou allonger son allure. Vous l'habituerez aux ordres tout en la lui montrant. Par la suite, la chambrière « se fait oublier » et le cheval répond directement à la voix.

Le premier ordre de la voix est *l'appel de langue* qui l'incite à se porter en avant. Le processus est le suivant : le cheval est arrêté, montrez-lui la chambrière et faites un appel de langue en même temps. S'il n'avance pas, touchez-lui les fesses (et plus tard le passage de sangle) avec la mèche. Pour le mettre au pas sans qu'il trotte, il faut user de tact. S'il ralentit, faites un appel de langue en montrant la chambrière. Plus tard, vous ne montrerez la chambrière que s'il n'obéit pas à l'appel de langue. S'il rétive, fâchez-vous de la voix et caressez-lui vigoureusement les fesses avec la mèche. Il ne se fera pas prier pour se porter en avant. Il doit craindre la chambrière avec laquelle il ne doit jamais jouer.

S'il se met au trot, ramenez-le progressivement au pas en laissant traîner la voix sur l'ordre : « au pas », répété plusieurs fois.

Pour le faire passer du pas au trot, dites sèchement « au trot » ou « trotter ». La vue et un éventuel attouchement de la chambrière le convaincront à vous obéir.

Pour galoper, allongez le trot, montrez la chambrière et dites « galop » en laissant traîner la voix sur la première syllabe. Pour entretenir le galop, vous pouvez diriger la chambrière en direction de ses fesses, et répéter plusieurs fois « galop » pour qu'il conserve son impulsion. Aidez-vous également de l'appel de langue. Ne demandez pas le galop dans les premières leçons. Le jeune cheval a du mal à galoper sur le cercle et peut échapper à votre autorité.

Pour repasser au trot dites « au trot », puis « au pas » en lui laissant le temps de se rééquilibrer.

Pour l'inciter à ralentir, dites plusieurs fois : « Oh... Oh »

Pour l'arrêter, dites « Oh... là » en laissant traîner la voix sur « oh ». Après quelques leçons, il doit s'arrêter lorsque vous prononcez « là » d'une manière impérative.

PROGRESSION DU TRAVAIL

Commencez toujours le travail du côté où il est le plus à l'aise, c'est-à-dire le gauche. Équilibrez le travail aux deux mains (des deux côtés).

Si ses hanches dérapent vers l'extérieur, agrandissez le cercle.

Après quelques leçons, le dresseur ne bouge plus du centre du cercle et pivote sur les talons. Il ne tourne plus que les pointes des pieds.

Habituez le cheval aux variations d'allures, au pas et surtout au trot. Ne mettez le cheval au galop que lorsqu'il vous obéit. Dans le cas contraire, il prend conscience de sa force si vous n'arrivez pas à le faire obéir immédiatement.

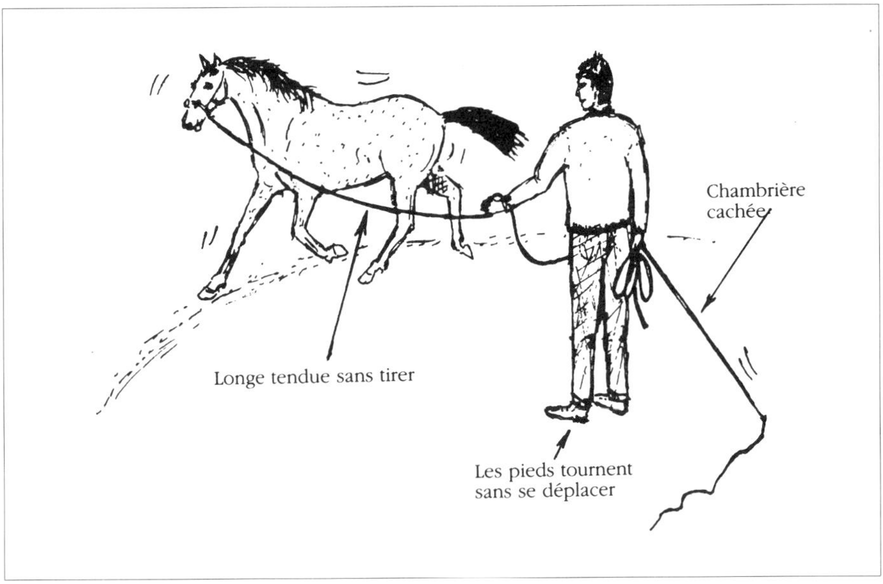

La remise du cheval sur le cercle

Le cheval ne doit jamais quitter la piste circulaire pour venir vers le centre. Des ondulations de la longe et la vue de la chambrière l'obligent à garder sa place.

Lorsque vous arrêter le cheval, il doit rester en place sans se tourner vers vous. Allez à lui, la longe tendue, et caressez-le avant de le remettre au pas.

Une leçon ne doit pas excéder 20 minutes, car le travail sur le cercle est particulièrement fatigant et lassant.

Le cheval mémorise les mêmes ordres répétés toujours de la même manière. Sachez lui manifester votre mécontentement en faisant « la grosse voix » ou en agissant avec la chambrière.

Le travail à la longe et avec la selle

Personnellement, je préfère faire accepter la selle au jeune cheval avant de lui mettre un mors dans la bouche. En procédant ainsi, vous éviterez les inévitables tractions sur sa bouche, lors d'éventuels sauts de moutons, qui accompagnent généralement les premiers contacts avec le poids du cavalier. Evitez à tout prix de lui faire mal à la bouche. Avant de le seller, commencez à le détendre à la longe, comme il en a l'habitude.

La meilleure solution consiste à sangler un surfaix léger qui ne risque rien en cas de chute du cheval. L'idéal est de le seller à trois personnes. Si vous utilisez une selle, enlevez les étrivières pour éviter que les étriers ne battent contre les flancs. Une personne se place face au cheval et le tient par le caveçon pour l'empêcher d'avancer. Elle lui parle pour le calmer. Faites renifler la selle au cheval pour qu'il prenne confiance.

Placez la sangle sur la selle, sans la boucler, pour éviter qu'elle ne batte contre les flancs du cheval au cas où celui-ci bougerait. Soulevez la selle et posez-la délicatement sans lui frotter le dos. S'il est particulièrement inquiet, la personne placée à la tête met sa main sur son œil gauche pour lui cacher la vue de ce côté. Vous pouvez alors faire un pas ou deux tout en tenant la selle pour la récupérer rapidement s'il bondit en avant. Si tout se passe bien, l'aide placé à droite descend progressivement la sangle. Caressez le passage de sangle et mettez la sangle en place. Bouclez-la rapidement avant que le cheval bouge. Evitez de sangler trop fort, mais serrez suffisamment pour que la selle reste en place. Notez qu'un tapis est inutile pendant les premières leçons. La personne qui est à la tête fait avancer le cheval de quelques pas, l'arrête, le flatte et recommence.

Les premiers sanglages

Si tout va bien, vous pouvez bouger la selle dans tous les sens pour habituer le cheval à son contact. Attention, il peut bondir ou reculer vivement. Ne jamais tolérer que le cheval recule. Il doit obligatoirement rester dans le mouvement en avant.

Progressivement tout le monde s'efface et la personne qui tient la longe prend le cheval sous ses ordres. Ne le châtiez surtout pas s'il fait quelques sauts de mouton. Vous remarquerez qu'il est plus sensible au contact de la sangle qu'au poids de la selle. Faites-le travailler aux deux mains et resanglez éventuellement après quelques tours. Après cette première leçon sellé, arrêtez-le sur le cercle, allez à lui, flattez-le, dessanglez légèrement et rentrez-le à l'écurie avant de la desseller.

Vérifiez l'intégrité du passage de sangle. La moindre blessure doit être soignée, car le frottement de la sangle ne doit pas le faire souffrir.

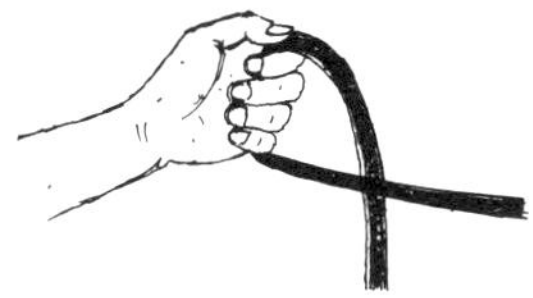

Tenue des longues rênes

Pour l'habituer progressivement à porter du poids, une astuce consiste à accrocher de chaque côté de la selle un sac de sable d'environ 20 kg. Reliez les deux sacs avec une lanière et attachez-les aux crochets d'étrivière.

Ajouter l'embouchure

La suite du débourrage consiste à lui faire accepter le mors.

Une bonne solution consiste à mettre le mors en place dans le box et à laisser le cheval mâchonner longuement une ration de nourriture. Choisissez un mors de filet brisé à gros canon, en caoutchouc si possible. Il est préférable de régler le bridon sur un autre cheval, qui a une tête sensiblement de même taille. Vous écourtez ainsi le temps de réglage. Consultez le croquis qui indique les repères de réglage. Une astuce consiste à déboucler le mors d'un côté, avant de mettre la têtière en place. Glissez ensuite le mors entre les dents sans forcer. Consultez également le chapitre sur les trucs. Le doigt placé entre les lèvres, au niveau des barres, l'incite à ouvrir la bouche. Donnez-lui une friandise pour le décontracter.

Pour travailler le cheval sur la piste à main gauche, il vous reste à monter la longe comme l'indique le croquis. Glissez la longe dans l'anneau gauche du mors, passez-la

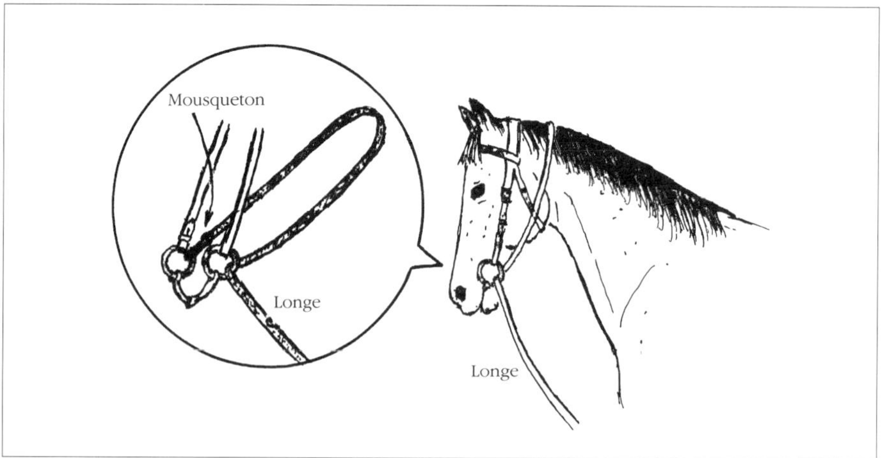

ensuite derrière ses oreilles et bouclez le mousqueton sur l'anneau droit du mors ; c'est l'enrênement Colbert. Une simple traction sur la longe agit sur les commissures des lèvres. Le cheval est travaillé dans le rond en inversant le montage lorsqu'il change de main. Vous préparez ainsi le travail aux longues rênes car, si vous avez choisi cette méthode, il vous reste à le diriger avant de le monter.

■

Le travail en liberté

Le travail du cheval en liberté nécessite un manège ou une carrière qui ne dépasse pas 40 m x 20 m. En liberté, le cheval s'équilibre naturellement et apprend à obéir. Pour changer de main conformez-vous au croquis. Une chambrière facilite le travail.

Si vous avez plusieurs jeunes chevaux à débourrer, vous pouvez les faire travailler ensemble. Une hiérarchie s'instaure rapidement dans le groupe. Trois personnes ne sont pas de trop car les chevaux ont tendance à quitter la piste et à couper à travers le manège. Il y a quelques années je dirigeais, pendant la saison estivale, un club dont les chevaux étaient remis en liberté totale en fin de saison. Il fallait reprendre en main chaque année, non seulement les anciens, mais aussi les jeunes chevaux à débourrer. J'avais adopté une méthode, certes rustique, mais remarquablement efficace. Le troupeau de chevaux était rassemblé dans un parc. Nous en mettions alors trois ou quatre, parmi les plus anciens, dans le manège. Trois personnes équipées de chambrières les faisaient tourner à vive allure. Après quelques tours nous en rajoutions trois autres, etc.

Naturellement, une hiérarchie du troupeau se retrouvait dans le manège, et les chevaux finissaient par se mettre « en reprise ». Toute tentative de « coup de botte » se traduisait par une réplique immédiate à la chambrière. Nous mettions ainsi jusqu'à quinze chevaux en reprise libre pour les habituer au travail en groupe. Ils acceptaient notre autorité et les chevaux qui n'avaient jamais été montés trouvaient leur place dans le groupe. Ainsi, les débourrages étaient facilités par ce premier travail collectif. Très peu d'accidents étaient enregistrés, mais il s'agissait de chevaux habitués à la vie collective en pâture.

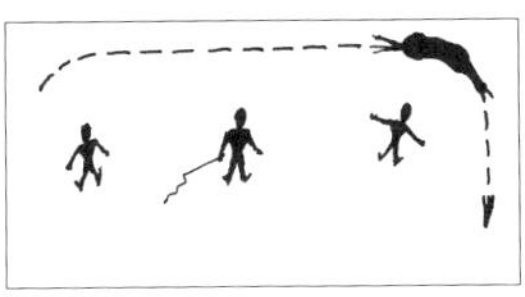

Cheval sur la piste

Changement de main

Le travail en liberté

Le travail aux longues rênes

Le travail aux longues rênes peut commencer directement, sans travail à la longe. Il vous faut deux longes d'environ 7 mètres chacune. Vous pourrez les réaliser avec de la courroie type « volet roulant » de 25 mm de large vendue dans le commerce. Chaque longue rêne est terminée par un mousqueton monté comme l'indique le croquis au chapitre « trucs et bricolages ». Evitez la lanière en nylon dont le frottement brûle les doigts.

Les longues rênes peuvent être guidées par les étriers de la selle. Il faut alors relier lâchement les étriers avec un cordon pour éviter qu'ils se soulèvent avec la traction latérale des rênes. Notez que la longue rêne guidée par l'étrier se dirige vers le bas à partir de la bouche du cheval, ce qui est contraire à sa juste direction. Vous pouvez également adapter deux anneaux munis de mousquetons de montagne sur un simple surfaix de couverture. Consultez le croquis

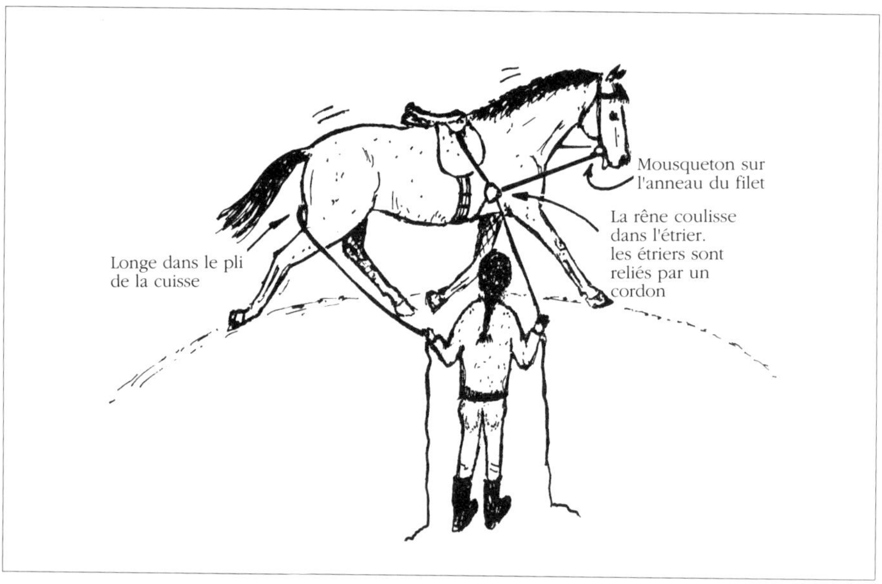

au chapitre « trucs et bricolages ». Vers l'arrière, la rêne se place dans le pli de la cuisse, sous la queue, ce qui l'empêche « d'échapper » vers le haut.

Dans son ouvrage « Emploi des longues rênes » (éditions Maloine), l'écuyer Philippe Karl préconise, pour le dressage avancé, une série de montages où les rênes sont corrigées de ce défaut.

Progression du travail aux longues rênes

Il est préférable de débuter dans un « rond de longe » ou dans le coin d'un endroit clôturé. Pour la première leçon, utilisez les services d'un aide. Il conduit le cheval à la tête, pendant que vous prenez place derrière lui, une guide dans chaque main, avec le fouet dans la main droite. Un minimum d'entraînement est nécessaire pour manipuler efficacement les rênes et le fouet, avec l'excès de longueur des rênes qui traînent à terre de chaque côté. Vous pouvez également les tenir en main.

En aucun cas, il ne faut tirer sur sa bouche et s'opposer au mouvement en avant. À la limite, si le cheval bondit, en avant, lâchez les rênes. Il s'arrêtera tout seul dans l'endroit clos. Si vous avez déjà travaillé le cheval à la longe, tout doit se passer sans problème. Derrière lui, réglez votre pas sur le sien, en marchant rapidement. Dès qu'il marche calmement, et tout en laissant le cheval sur sa piste circulaire, rejoignez progressivement le centre du cercle en allongeant la rêne extérieure qui se place naturellement dans le pli de la cuisse. Gardez le fouet prêt à remettre le cheval en avant s'il ralentit. La plupart des chevaux acceptent très facilement ce travail et s'incurvent naturellement.

Variez les allures, en vous servant de la voix et éventuellement de la chambrière, symbole d'autorité. Avant de porter le cheval en avant ou d'allonger l'allure, avancez les mains pour éviter qu'en étendant son encolure, il vienne buter sur le mors. Pour ralentir, fermez légèrement les doigts sur les deux rênes en même temps. Lorsque vous avez décidé de l'arrêter, prévenez-le avec l'ordre correspondant et fermez les doigts jusqu'à ce qu'il s'arrête. Ouvrez ensuite légèrement les doigts pour éviter qu'il recule.

Pour le mettre au pas, avancez légèrement les mains afin de permettre à l'encolure de s'allonger. Appel de langue, il est au pas.

Lorsqu'il tourne, veillez à ce que la rêne extérieure garde sa place, dans le pli de la cuisse. Ainsi, le cheval se sent tenu.

Au début, une défense classique consiste à faire demi-tour et même parfois un tour complet. Restez au milieu, et laissez-le se « saucissonner » tout seul dans les rênes. Ne cédez pas et vous remarquerez qu'il finit toujours par les dérouler tout seul. Il comprend rapidement qu'il s'emprisonne tout seul dans les rênes : c'est l'autopunition et je n'ai jamais vu un cheval qui ne s'en soit pas sorti tout seul, à condition que la rêne reste bien à sa place dans le creux de la cuisse. Dès qu'il marche correctement aux deux mains, vous pouvez quitter le cercle et le promener à l'extérieur. Vous pouvez marcher derrière lui ou de côté, exécuter les figures de votre choix, vous arrêter et même changer de main après l'avoir écarté de la clôture ou du mur.

Pendant qu'il exécute ces figures, il doit impérativement garder le mouvement en avant. Si, par excès de fougue, il accélère trop, tournez-le, la tête au mur. Recommencez ainsi chaque fois qu'il veut prendre la main, de façon à ne pas trop tirer sur sa bouche encore vierge.

Bien mené, le travail aux longues rênes est un réel plaisir. Il vous permet de guider le cheval avec une précision extraordinaire. Progressivement, vous lui « faites la bouche », il s'habitue à vous, et accepte votre autorité. Il ne reste plus qu'à le monter. Vous pouvez encore profiter de ce travail pour l'habituer à tous les objets insolites qu'il va rencontrer à l'extérieur : poubelles, voitures, plaques d'égoût, plaques d'eau, etc. Si vous n'êtes pas très sûr de vous en selle sur un jeune cheval, le travail à pied aux longues rênes est remarquablement formateur. Sans risque il évite tous les à-coups inévitables qui offensent sa bouche. Le travail aux longues rênes est un véritable investissement pour la réussite harmonieuse du débourrage de votre jeune cheval.

Attendez qu'il s'en sorte tout seul

LE TRAVAIL MONTÉ

Si vous avez suivi la progression : longe – selle – enrênement Colbert – longues rênes, votre cheval répond aux actions de rênes et n'a plus qu'à être monté. Les premières leçons en selle sont facilitées si le cheval a été préparé correctement à la longe et aux longues rênes. À ce stade du débourrage, il accepte l'autorité du dresseur placé au centre du « rond de longe », répond aux indications du mors et aux ordres de votre voix. Le battement des étriers le laisse indifférent, tout comme le poids de la selle.

Monter un cheval pour la première fois, est toujours un grand moment, inoubliable, lorsqu'il s'agit de votre propre monture qui partagera désormais vos loisirs et vos victoires. C'est cependant pour le cheval une opération traumatisante qu'il est toujours préférable de mener avec patience et douceur, même si celui-ci réagit par quelques cabrioles ; il a bien le droit de défendre sa liberté !

Il n'y a pas un cavalier qui ne ressente une émotion en montant un cheval pour la première fois, car ses réactions sont toujours inattendues.

■

Préparez tout

Quand vous aurez décidé du jour « J », vous aurez le choix entre deux options suivant que vous avez, ou non, travaillé votre cheval aux longues rênes. Quel que soit votre choix, utilisez le rond de longe où il a l'habitude de travailler.

PREMIÈRE OPTION

Mettez en place : le filet habituel, la selle, la longe en enrênement Colbert (pour tourner piste à main gauche), ainsi qu'une paire de rênes. Autour de l'encolure, placez une étrivière qui vous servira de poignée en cas de besoin. Sanglez correctement la selle pour éviter qu'elle tourne. Votre cheval est prêt, détendez-le, prenez autorité sur lui par des arrêts, des variations d'allures et l'obéissance à votre voix avant de le monter.

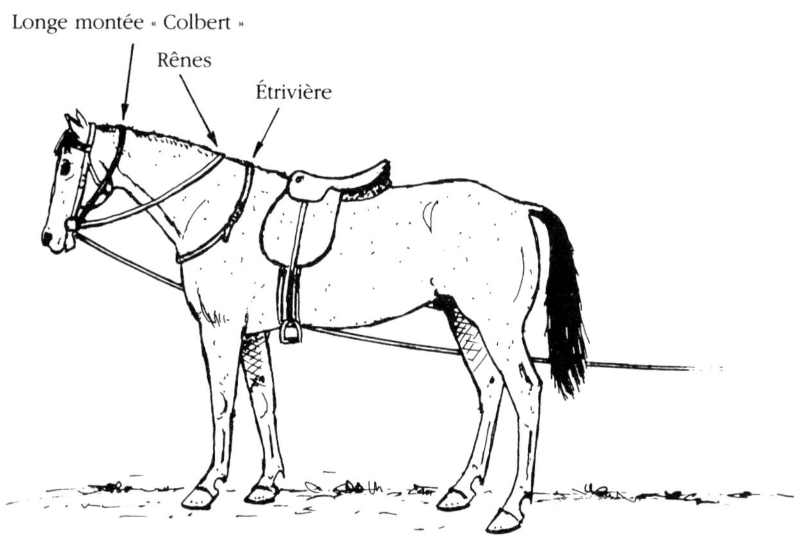

DEUXIÈME OPTION

Si vous avez décidé de monter votre cheval pendant qu'il tourne aux longues rênes, mettez en plus du harnachement habituel, une paire de rênes et une étrivière autour de son encolure. Travaillez-le ainsi pendant quelques minutes avant de commencer à le monter.

■

Faites le poids mort

Pour la première leçon en selle, l'idéal est d'être trois : celui qui longe le cheval, celui qui va le monter et un aide qui maintient le cheval et aide le cavalier à se mettre en selle.

Celui qui tient la longe se place au centre du cercle et commande le cheval dans les premières leçons. L'aide, d'une main, tient le cheval à la tête et de l'autre main soulève le cavalier qui se met délicatement à plat ventre sur la selle pendant quelques secondes. L'aide caresse longuement le cheval pour le mettre en confiance pendant que le cavalier remet pied à terre. Le cheval n'a pas bougé. Recommencez la même opération plusieurs fois. Lorsque le cavalier est à plat ventre sur la selle, il caresse le cheval sur le côté droit pour l'habituer au futur contact de la jambe droite. Après deux ou trois « fausses mises en selle », l'aide fait avancer le cheval de quelques mètres avec le cavalier couché en travers de la selle. Attendez-vous à ce qu'il bondisse en avant, ce qui est rare si vous l'avez décontracté auparavant.

Il reste à se mettre en selle.

En selle !

Pour éviter d'appuyer sur l'étrier, le cavalier se fait « mettre en selle » par l'aide qui le soulève par le pied. Evitez impérativement de toucher sa croupe lorsque vous passez la jambe droite. C'est en général à ce moment que le cheval réagit.
Le cavalier se met à califourchon le plus doucement possible. L'aide lui chausse immédiatement les étriers et le cavalier se tient à l'étrivière passée autour de l'encolure du cheval. Pas un mot, pas un geste, il se fait oublier le plus possible.

L'aide caresse longuement le cheval et l'incite à avancer de quelques pas. Il s'arrête à nouveau, le caresse et fait quelques pas de plus en s'assurant que le cheval se décontracte progressivement. Tant que les

Premières mises en selle

oreilles sont dirigées vers l'arrière, c'est-à-dire vers le « cavalier intrus », restez vigilant. Peu à peu, l'aide se fait oublier et la personne qui tient la longe reprend l'autorité qui lui revient.

Si tout se passe bien, l'aide se laisse dépasser par le cheval.

Travaillez longuement au pas. Le trot est ensuite demandé progressivement par la personne qui longe, sans que le cavalier n'intervienne. Après plusieurs tours dans le calme, celui qui longe fait repasser le cheval au pas et l'arrête. Il va à lui, comme il en a l'habitude, et le caresse. Il le remet ensuite au pas et au trot. Le cavalier peut alors prendre les rênes en main et chercher le contact de la bouche.

Il manifeste sa présence en caressant le cheval le long de la crinière et sur les épaules.

Si tout va bien, le cavalier exécute au pas et au trot des moulinets avec ses bras pour que le cheval s'habitue à ces gestes. Tout ce travail est exécuté aux deux mains. À ce stade, le cavalier ne donne encore aucun ordre au cheval, car c'est toujours le « longeur » qui le commande.

Vous jugerez définitivement des réactions de votre monture lorsqu'elle aura travaillé aux deux mains et au galop. C'est en effet au galop que le cheval se livre à d'éventuelles cabrioles que l'habile cavalier doit accuser sans « dévisser ». L'étrivière placée autour de l'encolure est une aide précieuse pour maintenir l'équilibre. Il faut impérativement éviter de tirer sur la bouche du jeune cheval.

À la fin du travail, la personne qui longe arrête le cheval, vient à sa tête, le caresse pendant que le cavalier met pied à terre, dessangle, puis caresse lui-même sa monture qui est récompensée et rentrée au box ou remise en pâture. Faites très attention lorsque vous débridez et évitez impérativement que le mors reste accroché dans ses dents s'il lève la tête et recule brusquement. Pour les premières leçons, n'excédez pas vingt minutes de travail, et pensez au fait que le cheval aura certainement des courbatures occasionnées par le poids du cavalier. Le lendemain, faites-le travailler sans le monter, si vous jugez que son dos manque de souplesse.

■

Obéissance au cavalier

Après quelques séances de travail monté, le cheval est libéré de sa longe ou de ses longues rênes en fin de travail et peut rentrer à l'écurie monté par son cavalier. Par la suite, le cheval est monté dans le rond de longe, directement guidé par son cavalier qui emploie les ordres que le cheval connaît, et « donne des jambes » à chaque appel de langue. Ainsi, le cheval associe la pression des mollets à l'ordre de « mise en avant ». Plus tard, seule la pression des mollets suffit à le porter en avant. Si le cheval rechigne à avancer, utilisez une cravache qui agit juste derrière le mollet pour accentuer l'action de la jambe. Avec un jeune cheval, dont le dos n'est pas encore musclé, gardez le trot enlevé pour limiter les secousses. Lorsqu'il vous a accepté, n'hésitez pas à lui toucher l'encolure, les oreilles et la croupe. Penchez-vous de chaque côté pour l'habituer à compenser vos déséquilibres. Une complicité s'établit progressivement avec votre cheval. Vous commencez alors à goûter aux plaisirs subtils du cavalier-propriétaire.

La selle doit être parfaitement adaptée au dos du jeune cheval et équipée d'un tapis relativement épais pour répartir, le mieux possible, la pression sur son dos, Consultez le chapitre relatif à la santé du jeune cheval.

DRESSAGE ÉLÉMENTAIRE

Votre cheval est débourré. Il accepte à présent son cavalier et répond aux ordres élémentaires. Vous allez pouvoir compléter son développement physique et le spécialiser dans telle ou telle discipline, mais quelle que soit sa spécialité, un bon cheval de selle doit savoir « faire un peu de tout ». Un minimum de dressage le rend agréable sous la selle. À l'extérieur, son habileté vous permettra de passer partout et par tous les terrains. S'il est endurant, vous couvrirez sans souci de longues distances, et même s'il n'est pas champion à l'obstacle, il doit savoir franchir en toute sécurité le tronc d'arbre qui barre un chemin ou les modestes obstacles du concours d'entraînement organisé par le club voisin.

Pour toutes ces raisons et bien d'autres encore donnez progressivement à votre monture des qualités minimales qui en feront un cheval complet. Même s'il ne participe à aucune compétition, vous progresserez ensemble et un bon niveau de dressage le rendra encore plus agréable sous la selle.

À l'extérieur

Un cheval d'extérieur doit passer partout. Donnez-vous cet objectif lorsque vous sortez à cheval. Même à pied, habituez le cheval à vous suivre partout ; vous gagnez ainsi sa confiance. Si vous avez un autre cheval, montez-le et menez le jeune cheval à la longe. C'est très formateur pour lui. Pendant vos longues chevauchées, le cheval s'habitue peu à peu à tout ce qu'il n'a jamais vu dans sa pâture. Si un objet insolite l'inquiète, approchez doucement, mais surtout ne le brusquez pas, car il pourrait associer la peur de l'objet à l'ordre que vous lui donnez. Il se défendrait alors contre vous.

Voici les difficultés les plus classiques que vous pouvez rencontrer à l'extérieur :

LE LONG DES ROUTES

Pour habituer le cheval au passage des voitures, la meilleure solution consiste à le placer entre deux vieux chevaux qui n'ont plus peur de rien. Chez les chevaux libres en effet, les plus anciens, par leur attitude, donnent l'alerte en cas de danger. Le jeune cheval, encadré par deux vieux routiers qui ne bronchent plus aux passages des camions, n'a aucune raison de s'inquiéter.

Les débuts sont déterminants. À titre d'anecdote, j'ai un cheval qui, après des années d'extérieur, s'était habitué à tout, sauf aux tracteurs rouges (c'est-à-dire presque tous), simplement parce que dans son jeune âge, le cultivateur voisin l'avait surpris avec son tracteur.

Le long des routes, la technique consiste à cacher au jeune cheval la vue des voitures avec la croupe du cheval qui le précède.

Évitez à tout prix le demi-tour lorsque la voiture ou le camion se présente de face. Sur les petites routes, certains conducteurs n'ont aucun sens du danger que peut représenter un cheval. Ils dépassent ou croisent à toute allure avec force bruits d'accélérateur, quand ils ne klaxonnent pas ! Pour inciter ces bolides à ralentir, la meilleure solution consiste à ne se ranger que lorsque le véhicule ralentit. Même si vous respectez la bouche de votre jeune cheval, gardez les rênes ajustées lorsqu'un véhicule impressionnant vous dépasse ou vous croise. Le jeune cheval doit garder sa place et ne jamais

Cachez-lui la vue des véhicules

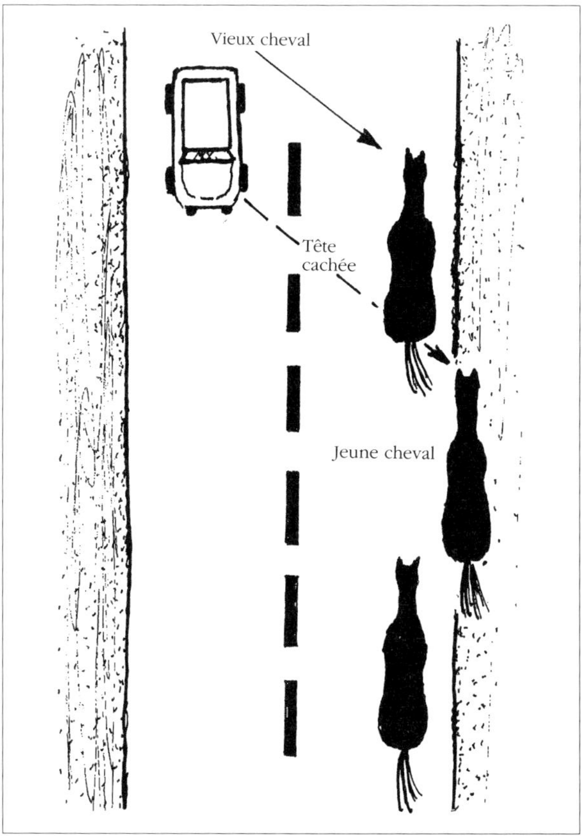

dépasser la colonne. Le cheval qui le précède ne doit botter en aucune circonstance. Habituez, dès le début, la jeune monture à garder sa droite le long des routes.

À chaque carrefour, arrêtez-vous quelques secondes, même s'il n'y a pas de voiture. le cheval en prend ainsi l'habitude.

APPROCHER UN OBJET INQUIÉTANT

Un simple morceau de papier au milieu d'un chemin peut inquiéter le cheval. Gardez les rênes longues avec les mains écartées et incitez-le à avancer vers l'objet qui l'inquiète. Il avance à contre-cœur en zigzaguant. Ramenez-le dans la ligne droite, sans tirer sur les rênes. Parlez-lui, activez vos jambes, mais gardez-le dirigé vers l'objet. Il le flaire et se détend. Caressez le cheval pour le mettre en confiance. Seule la patience, alliée à la

Laissez-le s'approcher d'un objet insolite

détermination, lui font vaincre sa peur viscérale de tout ce qu'il ne connaît pas.

MONTÉES ET DESCENTES À CHEVAL

Dans les montées, laissez au cheval le libre jeu de son encolure, mais obligez-le à garder le pas. Mettez-vous en suspension pour libérer son arrière-main et agrippez une poignée de crins en cas de besoin, tout en vous penchant en avant. Restez attentif à son souffle. Dans une longue montée, faites une pause car un cheval trop essoufflé refuse d'avancer. Arrivé au sommet, laissez-le reprendre son souffle. Le cavalier peut mettre pied à terre dans la montée mais sachez qu'en marchant moins rapidement que lui, vous cassez son rythme et vous le gênez.

Dans les descentes, le cheval doit rester au pas. Gardez le buste vertical ou légèrement penché en avant. Dans les fortes descentes il est préférable de mettre pied à terre pour soulager ses membres antérieurs.

Surveillez son souffle

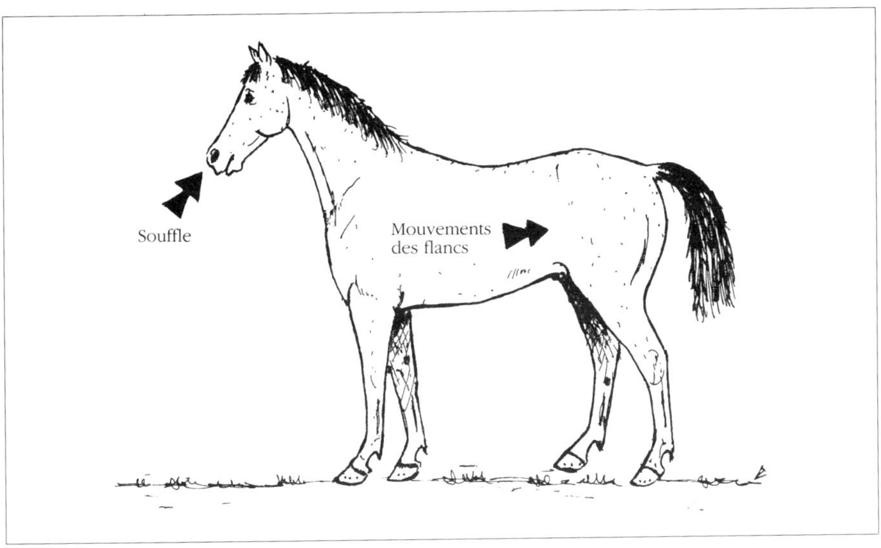

MONTÉES ET DESCENTES EN MAIN

Que vous montiez ou descendiez, le cheval ne doit en aucun cas vous dépasser. Gardez les rênes (ou la corde du licol) longue pour laisser au cheval la liberté de son encolure. Dans les fortes montées vous pouvez habituer le cheval à vous tirer, en vous accrochant à sa queue. J'ai rencontré dans la région montagneuse du Vercors, un cavalier qui se tenait à la queue du cheval en réglant son allure avec un morceau de ficelle à ballots fixé à la jonction des rênes. Astucieux et particulièrement efficace.

L'IMMOBILITÉ

Au montoir, habituez le cheval à rester arrêté lorsque vous le désirez. Même sans être attaché, il doit rester immobile lorsque vous mettez pied à terre. Les américains dressent leurs chevaux à rester immobiles lorsqu'une

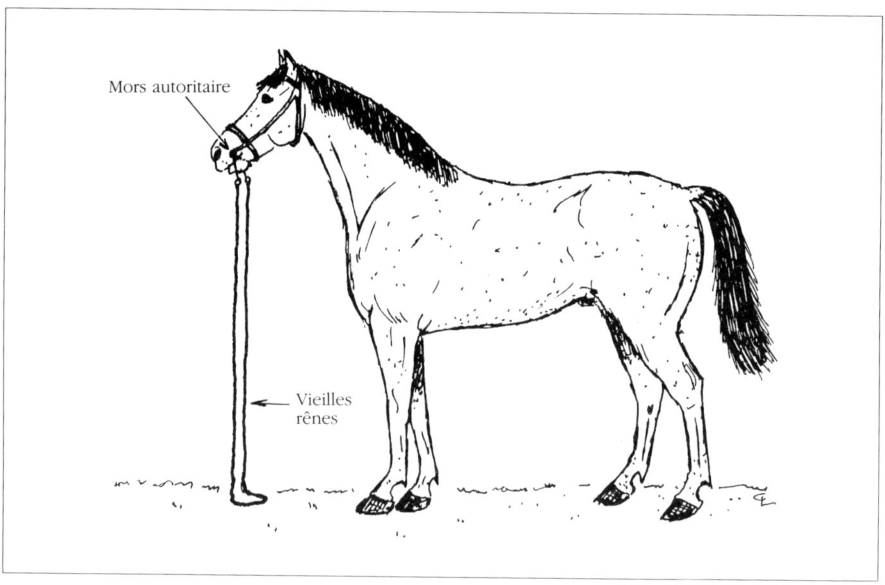

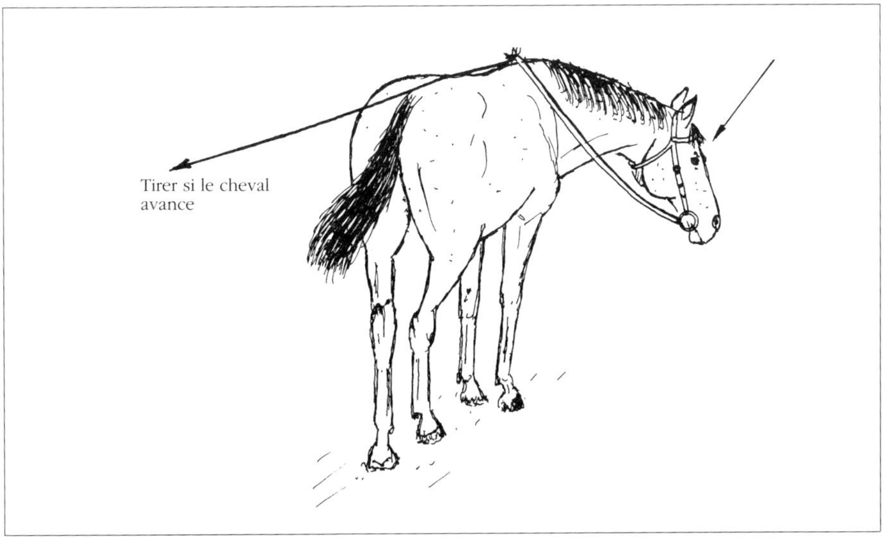

Dressage à l'immobilité

rêne pend à terre. Le dressage est simple. On équipe le cheval d'un mors autoritaire et d'une vieille paire de rênes qui pend librement. En marchant dessus, il agit sur son mors et comprend rapidement qu'il est préférable de rester immobile. Au championnat d'Europe de TREC 88, un cavalier allemand dressait astucieusement son cheval à l'immobilité, de la façon suivante. Les rênes en position de travail étaient reliées par un cordon que tenait une personne placée derrière le cheval et hors de sa vue. Le cavalier, qui se tenait près de la tête du cheval, s'éloignait progressivement. Si le cheval essayait de suivre le cavalier, la personne placée derrière agissait sur le mors en tirant sur la ficelle. Sans savoir d'où vient l'ordre, le cheval comprend qu'il faut rester immobile. Peu à peu, le cavalier s'éloigne hors de la vue du cheval. Dès qu'il bouge, le mors agit comme par magie. L'animal finit par rester immobile, même lorsqu'il ne voit plus personne. Astucieux, non ?

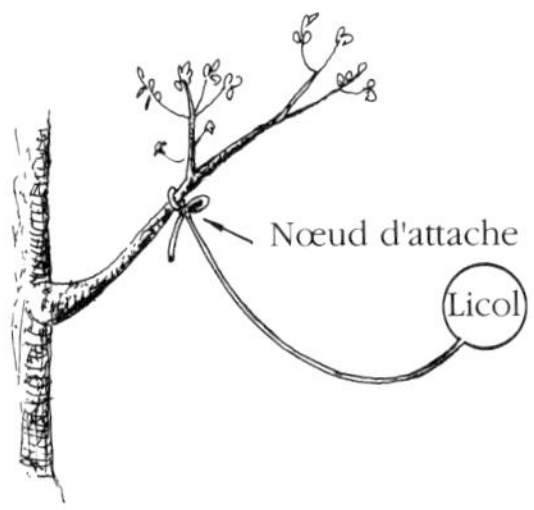

Attachez-le
à une branche souple

RESTER CALME À L'ATTACHE

Il est souvent utile d'attacher un cheval hors de son écurie habituelle.

Le poulain surtout, se sentant pris au piège de son attache, peut, par panique, se jeter brusquement en arrière au risque de casser son licol et de se renverser dangereusement : on parle de « tirer au renard ». Evitez de nouer la longe sur un point d'attache fixe et préférez la branche souple. Ne se sentant pas prisonnier, il ne tire plus au renard. Lorsque vous attachez un jeune cheval, même s'il tire de toutes ses forces, le licol doit résister, non seulement pour éviter qu'il se renverse en cas de rupture, mais aussi pour l'habituer à respecter l'attache. S'il réussit à casser son licol ou sa longe, il récidivera tôt ou tard. Pour certains chevaux, c'est un véritable vice particulièrement dangereux. Consultez également le chapitre trucs et bricolage : Le cheval est inquiet lorsqu'il est attaché seul. Sécurisez-le en plaçant un autre cheval à côté de lui, son voisin d'écurie par exemple.

LA TRAVERSÉE D'UN GUÉ

Le cheval a naturellement peur d'une eau dont il ne voit pas le fond. Il craint particulièrement les marécages profonds. La meilleure façon de l'habituer aux flaques et à la boue, consiste à sortir en forêt par temps de pluie. Dans les chemins inondés, il finit par marcher dans les flaques qu'il ne peut éviter. Pour entrer dans un gué, laissez-le flairer l'eau et empêchez-le de faire demi-tour. La persuasion, la cravache et éventuellement une personne qui le fatigue sur l'arrière, l'obligent à entrer dans l'eau. Arrêtez-le au milieu du gué, caressez-le et ressortez dans le calme. Une astuce consiste à s'aider d'une

longe comme l'indique le croquis. Passez plusieurs fois dans le gué dès qu'il vous obéit. Attention, dans l'eau, le cheval qui tape du pied va certainement se coucher. Faites-le avancer pour l'en empêcher. L'expérience montre que le cheval entre plus facilement dans l'eau lorsqu'il a soif !

LE FRANCHISSEMENT D'UN CONTRE-HAUT

Pour franchir un contre-haut, le cheval a besoin d'un minimum de vitesse et du balancier de son encolure. Cet obstacle, qui paraît impressionnant à pied, se franchit facilement. Mettez-vous en suspension, tenez vous au besoin à une poignée de crins et évitez absolument de « rester en arrière » au moment où il dégage son rein.

LE FRANCHISSEMENT D'UN CONTREBAS

Abordez le contrebas au pas, quitte à marquer un bref temps d'arrêt juste avant le saut. Prenez les rênes à la couture pour laisser au cheval le libre jeu d'encolure et gardez le buste droit. Le choc sur les antérieurs est important. Pensez-y !

LES TERRAINS DIFFICILES

Si vous traversez un sol instable, constitué de pierres roulantes par exemple, mettez de préférence pied à terre et progressez lentement, un pas après l'autre, en évitant que le cheval s'affole et se torde les pieds.

LES SOLS MARÉCAGEUX

Dans un sol *fouillant*, descendez de cheval. Sans votre poids, il s'enfonce nettement moins et se dégage plus facilement. Comme il risque de se coucher, dessellez-le pendant le passage délicat.

LES PASSAGES ÉTROITS

Entre deux arbres par exemple, la plupart des chevaux s'affolent et passent en force au risque d'arracher la selle ou les sacoches. Dans ce cas, dessellez le cheval, placez-vous devant lui et faites-le avancer pas à pas, en le sécurisant de la voix.

LE PASSAGE À NIVEAU

La plupart des chevaux redoutent de traverser un passage à niveau. Placez la jeune monture le plus près possible derrière un cheval sûr et qui ne botte pas. Une autre solution, sans danger pour le cavalier, consiste à prendre le cheval à la longe et à le faire *pousser* ?par une personne armée d'une chambrière. Faites plusieurs passages successifs. Au début, le cheval passe en chargeant. Dès que c'est possible, arrêtez-le au milieu du passage à niveau, mettez-vous en selle et terminez la traversée au pas. Il traverse mieux sur le chemin du retour. Évitez qu'il touche les deux rails en même temps, car il ressent une légère décharge électrique qu'il redoute particulièrement. Le sabot d'un petit cheval ou d'un poney peut se coincer entre les rails. Si un train s'apprête à passer lorsque vous approchez du passage à niveau, faites demi-tour en reculant d'une bonne centaine de mètres. Faites face au passage à niveau et caressez le cheval pendant le passage du train. S'il se calme, approchez-vous progressivement en évitant qu'il fasse demi-tour. Un cheval d'extérieur doit être préparé au franchissement des passages à niveau.

LES BORDS D'UN CANAL

Même si les bords d'un canal sont particulièrement agréables à cheval, ils constituent un grave danger. Un cheval n'est jamais à l'abri d'un écart, et s'il tombe à l'eau, il est pratiquement certain de se noyer sous les yeux impuissants de son propriétaire. Les berges abruptes ne permettent pas, en effet, de remonter. J'ai connu un cas où, par bonheur, une grue voisine a pu sortir le cheval avant qu'il se noie d'épuisement. Aucun dressage particulier n'est envisageable : évitez le bord de canal.

QUELQUES OBSTACLES « SAUTANTS »

À l'extérieur, ne faites jamais sauter un obstacle lorsque vous ne voyez pas la réception. Une branche ou un trou peut être caché par un tronc. Habituez alors votre monture à enjamber les petits obstacles sans les sauter. Quel que soit l'obstacle, approchez-vous doucement, laissez-le regarder, flairer et décidez la manière de le franchir : enjamber ou sauter. En enjambant l'obstacle, le cheval a besoin du libre jeu de son encolure. Laissez lui les rênes longues.

Rendez-le habile

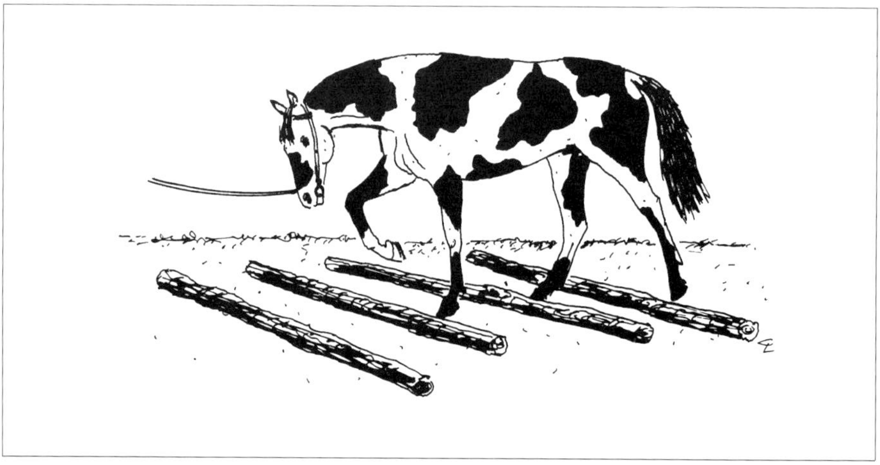

RECULER DE PIED FERME

Dans un passage étroit, il est parfois utile de reculer sur une longue distance avant de pouvoir exécuter un demi-tour. S'il faut reculer de plusieurs mètres, procédez en plusieurs fois et dans le calme. Placez-vous devant lui et agissez des deux mains sur le mors ou en poussant sur le chanfrein. Vous éviterez ainsi qu'il se jette brusquement en arrière.

Reculez de quelques mètres, arrêtez-vous, laissez-le se décontracter et recommencez sur quelques pas en évitant qu'il se jette brusquement en arrière.

L'ÉCURIE OU L'ABRI DE FORTUNE

Habituez-le à une écurie ou à un abri de fortune.

De nombreux chevaux de club ne se sentent en sécurité que dans leur écurie habituelle, et je connais des cavaliers-propriétaires qui se privent des plaisirs de la randonnée sous prétexte que leur cheval refuse de se nourrir hors de son box. Si vous désirez randonner avec votre monture, habituez-la au changement. C'est une simple question d'habitude et je ne connais pas un cheval qui se soit laissé mourir de faim devant une auge remplie ; même dans un endroit inconnu.

■

Travail sur le plat

Voici les bases de dressage sur le plat que doit posséder tout cheval de selle. L'endroit idéal pour monter un cheval en dressage est la carrière ou le manège. La carrière olympique mesure 60 mètres sur 20 mètres, mais une carrière de 40 x 20 est suffisante. Le terrain doit être horizontal, avec un sol souple sans être profond et aucun obstacle ne doit gêner l'évolution du cheval. Toute leçon commence par une détente où il s'échauffe au pas et au trot enlevé.

Pour aider le jeune cheval à vous comprendre, formulez vos ordres en deux temps :
– l'ordre préparatoire qui le prévient,

– l'ordre exécutoire qui lui indique le moment où il doit agir.

Dès que le cheval a obéi, arrêtez votre action. On parle de céder.

Demandez au jeune cheval des choses simples, mais soyez de plus en plus exigeant quant à la qualité de leur exécution. Un principe en équitation veut que : « toute action de main soit précédée d'une action de jambe ».

GARDEZ-LE SUR LA PISTE

Par définition, la piste suit le bord du manège. Si vous n'y prenez garde, le cheval s'en éloigne progressivement et coupe de plus en plus les coins. Obligez-le à garder la piste et à « entrer dans les coins », sans les « voler ». Un dicton éloquent dit à ce sujet : « pas de piste, pas d'autorité ». C'est au pas que vous vous ferez le mieux obéir.

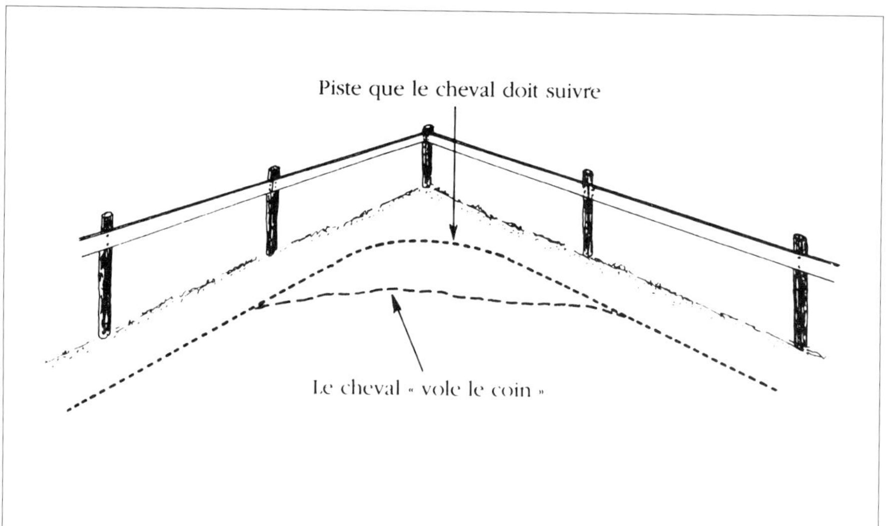

LA RÊNE D'OUVERTURE

C'est avec ce premier effet de rênes que vous communiquez avec le cheval au début. Le travail aux longues rênes l'a habitué à la rêne d'ouverture. Rênes ajustées, tournez les ongles vers le haut par une rotation du poignet et portez la main vers l'avant et du côté ou le cheval doit tourner. Il tourne sa tête, incurve son encolure dans ce sens et le reste de son corps suit, si le mouvement en avant est entretenu par les jambes du cavalier. Notez que l'autre main avance légèrement pour permettre à l'encolure de s'incurver. Dès qu'il a terminé de tourner, les deux mains reprennent leur position et le cheval redresse son encolure.

LES FIGURES DE MANÈGE

Les croquis indiquent les tracés géométriques des figures classiques de manège. Les lettres, que vous trouverez dans tous les manèges servent de points de repères et sont généralement inscrites sur des plaquettes. Lorsque vous exécutez une figure, veillez à la perfection géométrique de son tracé. La meilleure façon d'en juger est de les exécuter dans une carrière finement hersée. Il suffit d'observer les traces !

Dans l'exécution d'*une volte*, faites en sorte de quitter progressivement la piste lorsque votre corps passe devant la lettre repère. Pour une volte à main gauche (la carrière étant à votre gauche), prévenez le cheval en pivotant le poignet gauche de façon à mettre les ongles vers le haut avant de tourner. Écartez progressivement cette main lorsque votre corps passe devant la lettre qui sert de repère. Regardez le centre de la volte, ce qui a pour effet de tourner légèrement vos

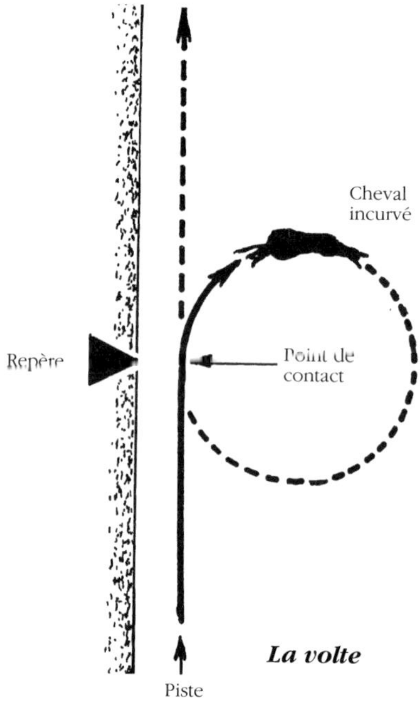

La volte

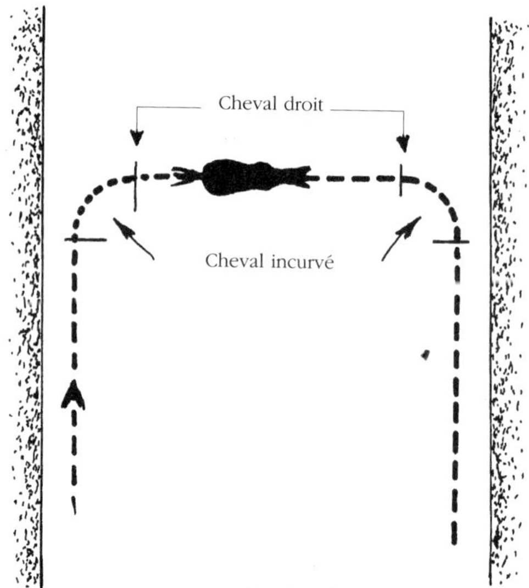

Le doubler dans la largeur

épaules et arrondissez la volte en reprenant la piste à l'endroit exact où vous l'avez quittée. Pour incurver le cheval sur le cercle, reculez légèrement la jambe extérieure, la jambe intérieure restant à la sangle.

Le doubler se décompose en trois temps : quitter la piste en tournant serré, parcourir une ligne droite où le cheval marche droit sans « flotter », reprendre la piste à la même main (du même côté) en tournant serré. Évitez l'arrondi à grand rayon en fin de doubler. Là également, ordre préparatoire : les ongles se tournent vers le haut, ordre exécutoire : la main s'écarte.

LE TROT ENLEVÉ SUR LES DEUX DIAGONAUX

Tant que le dos du jeune cheval n'est pas correctement musclé, ne faites pas de trot assis, mais conservez un trot enlevé léger qui ne heurte pas son dos. Pensez à changer de diagonal pour équilibrer le travail des deux diagonaux. Dans une carrière, il est d'usage de trotter sur le diagonal extérieur en s'asseyant lorsque le diagonal extérieur (antérieur extérieur, postérieur intérieur) est à l'appui, ce qui incite le cheval à garder la piste.

LE GALOP AUX DEUX MAINS

En allongeant le trot, le cheval passe au galop. Naturellement, le jeune cheval galope à droite lorsqu'il tourne à droite et inversement. Dans ce cas, en observant l'antérieur droit, on voit qu'il se pose devant l'antérieur gauche (idem pour les postérieurs). Au début, allongez le trot pour mettre le cheval au galop dans un tournant. Vérifiez qu'il soit sur le bon pied, car le cas contraire prouverait qu'il manque de souplesse du côté où il refuse de galoper. Il faudrait le travailler sur le cercle à cette main. En exécutant une diagonale pour changer de main, mettez-le au trot sur quelques foulées pour qu'il puisse changer facilement de pied. Notez qu'en allongeant un trot enlevé à droite, le cheval a tendance à se mettre au galop à droite, et inversement. La plupart des chevaux sont naturellement incurvés à gauche et tournent mieux de ce côté.

UTILITÉ DE LA CRAVACHE

Même si vous ne vous en servez pas, le cheval obéit mieux si vous avez une cravache en main. Dans une carrière, tenez-la toujours dans la main du côté intérieur. Le cheval gardera mieux la piste. En cas de besoin, agissez avec la cravache sur l'encolure, derrière la botte, ou sur ses hanches pour une correction sévère.

ALTERNEZ AVEC LE TRAVAIL AUX LONGUES RÊNES

Même si vous montez le cheval, n'abandonnez pas le travail aux longues rênes, car une séance régulière complète harmonieusement son dressage.

■

Premières leçons d'obstacle

Sauter des petits obstacles est bénéfique pour tous les chevaux, même s'il ne sont pas, à priori, destinés au saut d'obstacles. Il faut évidemment limiter le nombre de sauts avec un jeune cheval. Sur des petits obstacles qui n'excèdent pas une soixantaine de centimètres, le jeune cheval développe sa musculature, son équilibre et son style. À l'obstacle, il peut sauter en liberté, qu'il soit à la longe ou monté.

PREMIERS SAUTS EN LIBERTÉ

Lorsque le cheval obéit aux ordres de votre voix, vous pouvez le familiariser avec de petits obstacles qu'il sautera en liberté, mais sous les ordres du dresseur. La carrière doit être petite : 25 m sur 15 m par exemple. Le dresseur est muni d'une chambrière et commande le travail. Il peut se faire aider de deux personnes disposées sur ses côtés, qui obligent le cheval à garder la piste et l'aident à changer de main. Commencez par disposer une barre à terre. Montez ensuite progressivement en plaçant une barre d'appel devant l'obstacle. Le cheval doit sauter au pas ou au trot, sans jamais *charger* l'obstacle au galop. Pour les premières leçons, limitez-vous à cinq ou six sauts à chaque main sur un oxer de 0,50 m au maximum. Pour « régler » le cheval, vous pouvez placer un cavaletti à 13,5 m de l'oxer. Ne tolérez ni refus, ni dérobade, mais ne châtiez pas un jeune cheval qui a fait tomber une barre. Arrêtez et récompensez-le souvent. Il est préférable de l'équiper de protections pour éviter qu'il se blesse les membres.

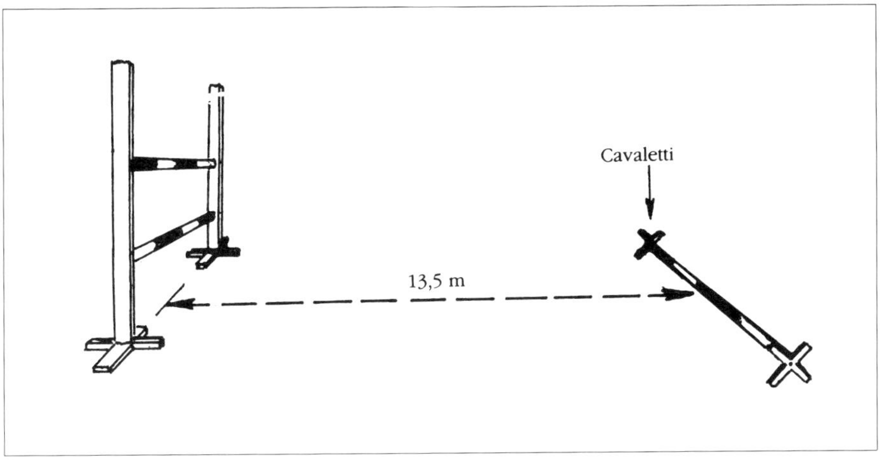

SAUTER À LA LONGE

La progression est la même que pour le travail en liberté. Si le cheval hésite à franchir la première barre posée à terre, un aide passe devant lui et l'incite à le suivre. Pour sauter, le cheval doit garder le pas ou le trot, allures où il se mécanise et soigne son style. Après un saut, décalez-vous et reprenez, pour quelques tours, le travail normal sans

Le saut à la longe

sauter. Vous reviendrez sur l'obstacle par surprise, pour éviter que le cheval vous *vole* le galop en sachant qu'il va sauter.

MONTER LE CHEVAL À L'OBSTACLE

Tant que votre cheval n'est pas parfaitement soumis, et qu'il n'a pas sauté en liberté ou à la longe, évitez de le monter à l'obstacle si vous n'êtes pas un excellent cavalier. Le jeune cheval surprend souvent en sautant et vous risquez de tirer sur sa bouche ou de lui faire mal au dos si vous n'êtes pas parfaitement en suspension. Pendant le saut, saisissez une poignée de crins ; cela vous aidera à suivre son mouvement. Sautez au trot, au milieu et perpendiculairement à l'obstacle. Ne sautez pas trop avec un jeune cheval dont les têtes osseuses ne sont pas encore formées.

Quelques problèmes particuliers

LE CHEVAL QUI TIRE AU RENARD

Comme il a été précisé plus haut, il faut absolument corriger la monture de ce défaut grave et dangereux. Le jeune cheval tire au renard parce qu'il est inquiet et se sent prisonnier de la longe. Nouez-la sur une attache souple, et évitez de le laisser seul. Consultez également le chapitre : trucs et bricolages.

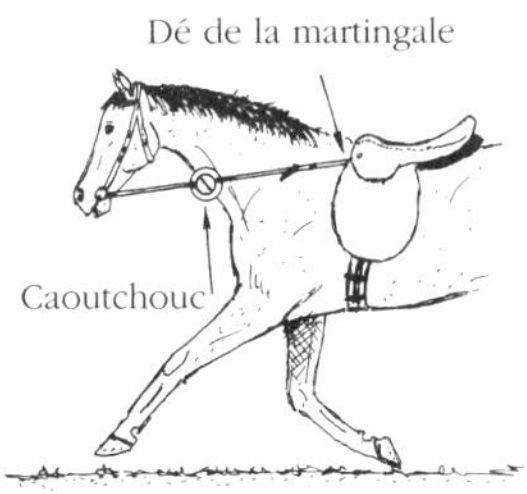

Rênes fixes et élastiques

LA « TÊTE EN L'AIR »

Pour se soustraire à l'action du mors, certains chevaux lèvent la tête par défense. Le mors n'a plus aucune action sur la bouche, le dos se creuse, ce qui rend le cheval particulièrement inconfortable et incontrôlable. Il faut le corriger de cette défense. Vous disposez de plusieurs moyens :

L'enrênement équipé d'élastiques limite l'élévation de la tête (voir croquis). Il est utilisé pour le travail à la longe.

La martingale à anneaux est utilisée à l'extérieur surtout. En levant brusquement la tête, le cheval se « donne un coup dans la bouche » sur des rênes ajustées. Il se punit ainsi lui-même.

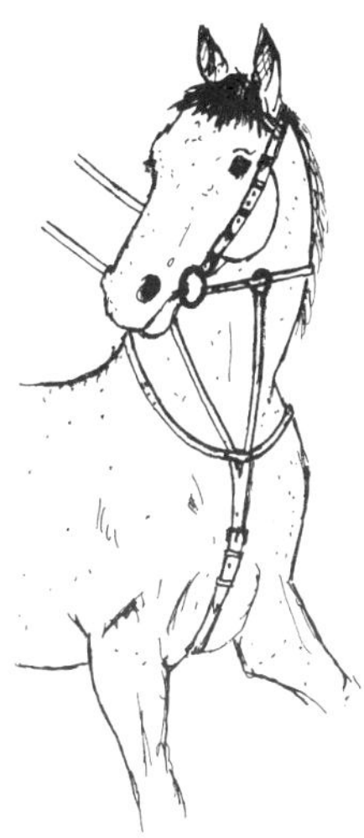
Martingale d'anneaux

Un enrênement qui fait baisser la tête au cheval. Le modèle Gogue est, à mon sens, le plus efficace. Lire *Le cheval dans le bon sens*, aux éditions Maloine.

LE CHEVAL QUI « EMBARQUE »

Dangereuse défense dont le cheval peut se servir au galop, et surtout en rentrant aux écuries. Il prend appui sur le mors (ou lève la tête) et galope sans que vous puissiez l'arrêter. Utilisez un mors plus autoritaire. Pour tromper l'appui, cédez d'une main sur l'autre. Plus facile à dire qu'à faire avec certains chevaux ! Une astuce consiste, lorsque c'est possible, à le diriger dans un labour lorsqu'il vous embarque. Dès qu'il commence à ralentir, reprenez autorité sur lui en le poussant vigoureusement en avant et ralentissez-le plus tard. Lorsque vous rentrez à l'écurie, maintenez le « cheval embarqueur » au trot, et imposez-lui le pas dès qu'il commence à accélérer. S'il vous embarque jusqu'à l'écurie, ressortez-le et repartez avec des allures soutenues pour le punir. Embarquer est un défaut grave et dangereux.

LE CHEVAL QUI SE POINTE

C'est un défaut classique chez les entiers, mais tous les chevaux peuvent se pointer par défense. Certains vont jusqu'à se renverser, ce qui est particulièrement dangereux. Il existe des moyens très autoritaires pour corriger cette grave défense. Comme le cheval a besoin du balancier de son encolure pour se pointer, la martingale à anneaux ou un enrênement peuvent l'empêcher de se cabrer.

LE CHEVAL QUI BOTTE

Le jeune cheval botte plus par peur que par

méchanceté. Il faut l'en corriger dès le début du débourrage par un vigoureux coup de chambrière, ou de cravache, lorsque vous êtes en selle. Consultez également le chapitre : trucs et bricolages.

LES PROBLÈMES DE GROUPE

Il est difficile d'intervenir sur un groupe de chevaux en pâture. Certains sujets sont dominants et chassent les autres au moment de la distribution de nourriture par exemple. Il suffit de nourrir à plusieurs endroits. Lorsque vous montez en groupe, tenez compte des antipathies entre certains chevaux. Les entiers sont généralement placés devant, pour éviter qu'ils sentent les effluves d'une jument en chaleur. Placez les hongres ensuite et les juments derrière. Il faut cependant habituer les chevaux à tenir une place quelconque dans une reprise ou une promenade. Essayez cependant d'encadrer le jeune cheval avec des « anciens » qui ne s'émeuvent plus de rien.

Ordre à respecter

ENTIERS ◄◄ HONGRES ◄◄ JUMENTS

SURVEILLEZ SA CONDITION ET SA SANTÉ

Après le débourrage, le dressage transforme progressivement le jeune cheval en athlète. Surveillez son état général et sa santé. Voici quelques points essentiels.

Avant le débourrage

Avant de débourrer le jeune cheval,

Vermifugez-le si ce n'est déjà fait (consulter l'ouvrage : *Le Cheval en Pâture* aux éditions Maloine).

Vérifiez ses aplombs et faites-les rectifier par un maréchal-ferrant (consulter l'ouvrage : *Maréchalerie Pratique* aux éditions Maloine). Il peut se passer de ferrage tant que vous le faites travailler sur des terrains souples. Ensuite, commencez à ferrer les membres antérieurs.

Une précaution bien utile, consiste à administrer au jeune cheval des vitamines lorsqu'il commence à travailler. Surtout s'il passe de la pâture – humide – au box – sec –, appliquez sur ses sabots un bon onguent de pieds une fois par semaine pour conserver la souplesse de la corne.

Pensez également à augmenter sa nourriture en passant de la ration d'entretien à la ration de travail. Consultez le chapitre correspondant de l'ouvrage : *Être cavalier propriétaire* aux éditions Maloine.

Avez-vous pensé à ses vaccinations ?
Faites vacciner le cheval contre le tétanos, la rage (obligatoire dans les départements de l'Est et du Nord), et contre la grippe.

Le cheval en bonne santé

Sachez apprécier, d'un simple coup d'œil, la santé, mais aussi le moral de votre cheval.

AU BOX

Si le cheval reste couché lorsque vous entrez dans le box ou s'il garde un membre au soutien : méfiance. Un cheval en bonne santé n'a pas l'encolure basse. Ses oreilles sont mobiles, son poil est sec, ses pieds sont froids. Il a terminé sa ration et vous accueille avec curiosité.

EN PÂTURE

Si le travail est pour lui une corvée, il refuse de se laisser attraper en pâture. Avez-vous pensé à son moral, en variant le travail et en le récompensant régulièrement par une caresse ou des friandises ? Vérifiez également qu'il se nourrit correctement. Notez qu'à la mue, les chevaux accusent une baisse de forme pendant environ quinze jours. Tenez-en compte. Soyez rassuré sur son état général si, après le travail, il part au galop lorsque vous le libérez dans sa pâture.

Qu'il soit en box ou en pâture, s'il refuse le mors, vérifiez que sa bouche ne soit pas blessée. Un cheval qui refuse la selle sans raison, a certainement mal au dos. Vérifiez également la souplesse de ses reins. Lorsque vous les pincez légèrement, le cheval doit ployer son dos.

Précautions avant, pendant et après

AVANT LE TRAVAIL

Attendez au moins une heure après la fin du repas pour faire travailler votre cheval. Tout travail commence par une phase d'échauffement et se termine par quelques minutes de « retour au calme », avant de le libérer. S'il n'a pas travaillé la veille, allongez la phase d'échauffement.

Un bon pansage prépare le cheval au travail musculaire. Consultez le livre : *Le nouveau palefrenier-soigneur* aux éditions Maloine.

PENDANT LE TRAVAIL

Surveillez le souffle du cheval, laissez-le récupérer en entrecoupant les efforts avec des phases de pas. Toute transpiration excessive ou moussante (le cheval blanchit) est signe de fatigue. Un cheval qui « rétive » brusquement dans son travail a besoin de récupérer.

APRÈS LE TRAVAIL

Après la phase de retour au calme, bouchonnez énergiquement le cheval avec une poignée de paille pour le sécher et le masser. Curez-lui les pieds et vérifiez s'il n'est pas blessé. Ne le laissez boire que lorsqu'il est sec. En hiver, mettez-lui une couverture. En été, vous pouvez le doucher complètement, lui passer le « couteau de chaleur » et le laisser sécher dehors, avant de le rentrer dans une écurie fraîche.

Les endroits à hauts risques

Voici les endroits de l'anatomie du cheval qui sont les plus sollicités par le travail :

Le passage de sangle peut blesser avec les frottements. Enlevez soigneusement, avec la brosse, tout élément abrasif (sable, boue), et lavez la transpiration en été. Le sel de la sueur creuse les plaies, ce qui retarde leur cicatrisation.

Les endroits à hauts risques

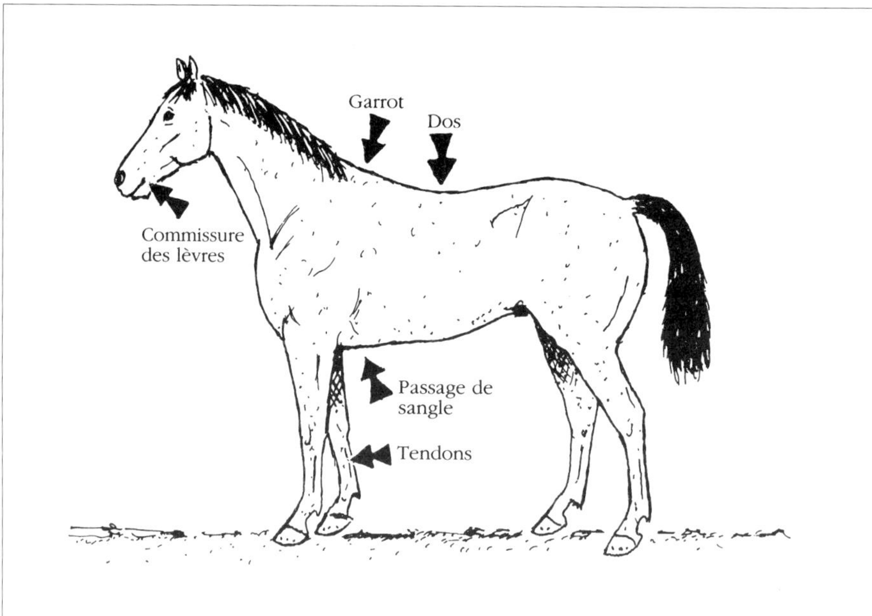

Le dos est sujet à traumatismes et à frottements. La selle doit être adaptée, dégarrottée et équipée d'un tapis épais qui contribue à répartir la pression et à absorber les chocs.

Surveillez également les commissures des lèvres du jeune cheval. Le mors peut les blesser.

Un excès de travail peut affecter les tendons, des membres antérieurs surtout. Les tendons sains sont « secs » et apparents. Douchez longuement les membres après chaque séance de travail pour éviter qu'ils ne « s'engorgent ».

■

Précautions particulières

Dès que vous faites trotter le cheval, vérifiez la symétrie de ses allures. Dans le cas contraire, on dit qu'il « tire » d'un membre. Pour localiser le membre boiteux, consulter le livre : *Maréchalerie pratique* aux éditions Maloine. Observez s'il est raide ou s'il « semble marcher sur des œufs » ou encore s'il trébuche anormalement. Notez qu'aux allures lentes de nombreux jeunes chevaux trébuchent par négligence.
Réveillez-les avec la voix ou les jambes !

■

Harmonisez sa musculature

Pour muscler le cheval symétriquement, changez régulièrement de diagonal au trot enlevé. À la longe, comme en selle, travaillez-le aux deux mains, particulièrement sur les cercles. La plupart des chevaux sont naturellement incurvés à gauche et sont plus souples de ce côté. Si vous constatez une différence de souplesse, commencez le travail du côté où il est le plus à l'aise, et terminez-le de l'autre côté, en travaillant un peu plus à cette main pour l'équilibrer progressivement.

En travaillant, ramenez le bout du nez du cheval vers le bas. Ne tolérez pas qu'il travaille « à l'envers », dos creux et tête vers le haut. Quelques leçons avec un enrênement Gogue sont bénéfiques à tous les chevaux.

■

Surveillez sa récupération

Un cheval entraîné récupère rapidement. Environ une demi-heure après l'effort, sa respiration doit avoir repris son rythme normal : entre 8 et 10 échanges par minute. En course d'endurance, on considère que le cheval a récupéré, si son rythme cardiaque est redescendu, trente minutes après l'arrivée, au-dessous de 60 battements par minute. Ses muqueuses doivent avoir repris la teinte rose. Les longs trottings musclent le cheval, raffermissent ses tendons et le rendent endurant. Trois à quatre-cents mètres de « bout-vite » au galop ont pour effet « d'ouvrir ses poumons » et d'augmenter sa capacité respiratoire.

■

Perte d'État : comment en juger

En *perdant de l'état*, le cheval maigrit, mais perd également sa fougue de jeunesse. Ses flancs et son encolure se creusent, ses fesses font apparaître la « raie de misère » et ses côtes sont saillantes. Il transpire au moindre

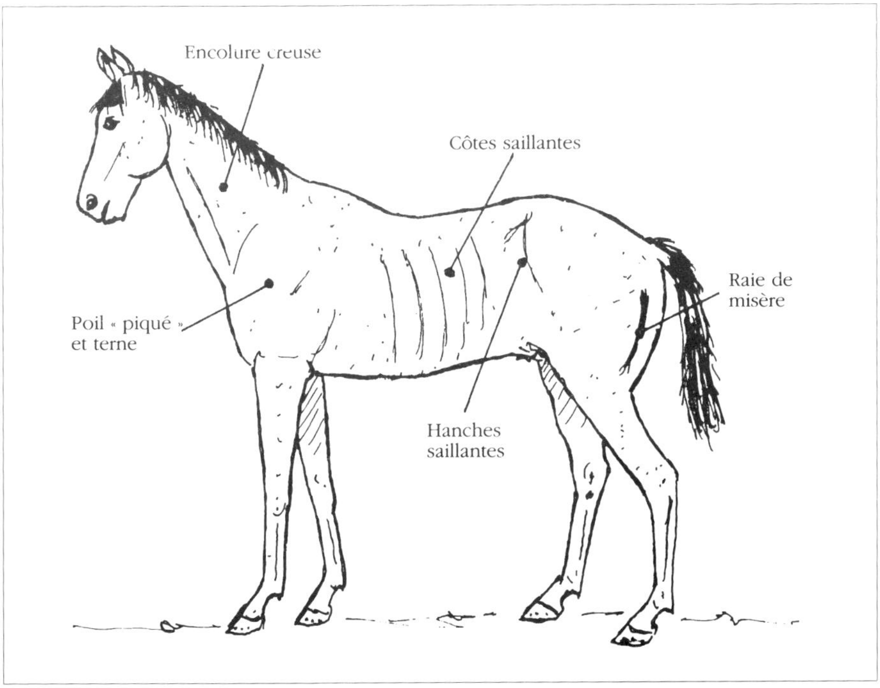

Cheval qui n'est pas en état

effort, son souffle est court, et il trébuche souvent. Au box, il garde la tête basse, triste et les oreilles immobiles. Avec un travail et une nourriture équilibrés ainsi qu'une administration régulière de vermifuge, le cheval, au contraire, « s'éclate du devant », « respire l'énergie » et se muscle harmonieusement. Lorsque vous remarquerez qu'un cheval a maigri, il est déjà trop tard et il faudra de longues semaines de soins pour le remettre en état.

TRUCS
ET BRICOLAGES

Voici quelques astuces, fruit d'expériences et d'observations. Si vous n'avez qu'un seul cheval à débourrer, inutile d'engager des frais pour l'achat de matériel qui ne servira plus par la suite. Si vous êtes bricoleur, vous réaliserez économiquement ce matériel supplémentaire indispensable au débourrage.

Quelques trucs utiles

S'IL REFUSE LE MORS

Ne bridez pas un jeune cheval de force. S'il refuse d'ouvrir la bouche, faites lui mâchonner une sucrerie. Vous pouvez également enduire le mors de miel. Le cheval s'empresse d'y goûter en ouvrant la bouche et accepte le mors avec un certain plaisir.

S'IL BOUGE LORSQUE VOUS LE DOUCHEZ

De nombreux chevaux refusent de se laisser doucher les membres. Réduisez le jet, mettez l'embout près du sol pour éviter le bruit de l'eau et mouillez le sabot en remontant progressivement. S'il continue à tourner, plaquez-le contre le mur, avec une personne à la tête qui l'empêche d'avancer. Il doit comprendre que le jet, même bruyant, ne lui fait aucun mal.

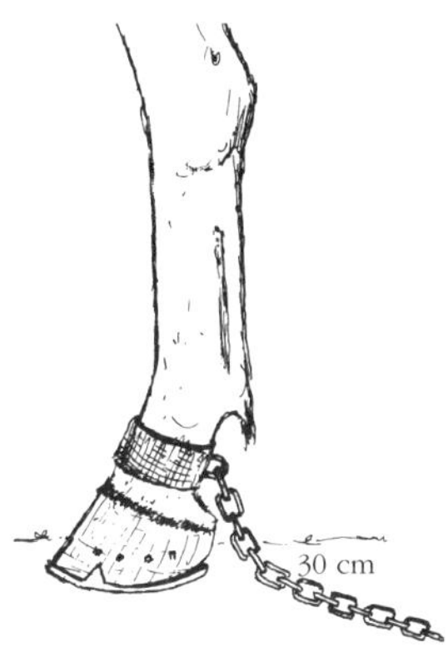

Si le cheval botte dans son box

S'IL TAPE DANS LE BOX

Certains chevaux ont la dangereuse habitude de marteler le mur de leur box. Certains coups partent jusqu'à plus d'un mètre cinquante et éclatent les parpaings. Imaginez les chocs ressentis par les articulations ! Une astuce efficace consiste à placer aux paturons des postérieurs, deux forts bracelets de cuir (entraves individuelles) où sont fixés des morceaux de chaîne d'environ trente centimètres. En bottant, les retours de chaîne corrigent le cheval. C'est l'autopunition, qui reste la meilleure des leçons. N'employez cette solution que lorsque vous avez tout essayé pour éviter que le cheval se blesse en tapant sur les murs. En effet, la chaîne peut le blesser, elle aussi.

S'IL TIRE AU RENARD

La méthode, non brutale, décrite au croquis a l'avantage de faire comprendre au cheval que tout devient plus agréable lorsqu'il cesse de tirer en reprenant sa place. Le contrepoids doit peser au moins 30 kg. Prenez un sac solide et remplissez-le de sable ou de petits objets métalliques. La longe et le licol ne doivent en aucun cas se rompre pour que la leçon soit efficace.

S'IL BOUGE AU MONTOIR

Certains chevaux refusent de rester immobiles au montoir. Un écuyer célèbre utilisait avec un cheval « irréductible » le système suivant. Il sanglait le cheval au maximum avant de le monter et le faisait marcher quelque peu. La feinte consistait ensuite à lui faire croire que le travail était terminé. Il l'arrêtait, le dessanglait de quelques trous et l'enfourchait prestement. Il procédait en fait

S'il tire au renard

à l'inverse de ce qui est fait habituellement pour monter un cheval. Surpris, il oublie de réagir.

S'IL NE VEUT PAS DONNER SES POSTÉRIEURS

Avec des chevaux qui refusaient dangereusement de se laisser tenir les postérieurs, j'ai utilisé avec succès les procédés suivants.

Prudemment, passez une longe dans le pli du paturon d'un membre postérieur. Placez-vous à hauteur de postérieur, mais de l'autre côté. Soulevez le pied en le tirant sous le ventre du cheval (en diagonale), le pied se présente alors devant l'autre postérieur. Dans cette position, le cheval ne tape pas, sachant qu'il atteindrait son propre membre. Une autre personne touche le pied levé pour faire comprendre au cheval qu'aucun mal ne lui

Passer un postérieur en croisant

est fait. Progressivement, vous pourrez lui prendre directement les pieds à partir du sol.

Autre procédé utilisé par certains maréchaux-ferrants mais qui nécessite plusieurs personnes : mettez une longe assez longue autour du paturon. Le cheval est attaché au licol et une personne reste à sa tête. Deux à trois « hommes forts » saisissent la corde et attirent le postérieur vers l'arrière. La réaction est immédiate, le cheval rue par saccades. Tirez vers l'arrière de plus en plus loin. Avec le postérieur en bout de course, le cheval ainsi tenu, est pratiquement impuissant. Petit à petit, donnez du mou à la corde pendant qu'une personne touche le pied et que le cheval est caressé. Peu de chevaux résistent à ce procédé. Notez que la traction du postérieur est exercée dans l'axe du cheval pour éviter toute traction latérale.

S'IL REFUSE DE MONTER DANS UN VAN

De tous les systèmes plus ou moins astucieux, j'en retiens deux couramment employés.

La méthode «déboussolage»
Mettez-lui un pull-over noué sur sa tête pour l'aveugler et faites-le tourner dans tous les sens comme une toupie, près du pont du camion. Arrêtez-le, et immédiatement faites-le monter. Encore « groggy », il ne se rend compte de rien.

Les longes croisées
Comme l'indique le croquis, placez deux longes croisées qui s'appliquent à mi-fesses du cheval. Deux personnes tiennent les longes et ne cèdent en aucun cas. Se sentant « pris sur l'arrière », le cheval finit par monter. Vous pouvez garnir le pont de paille pour éviter le bruit.

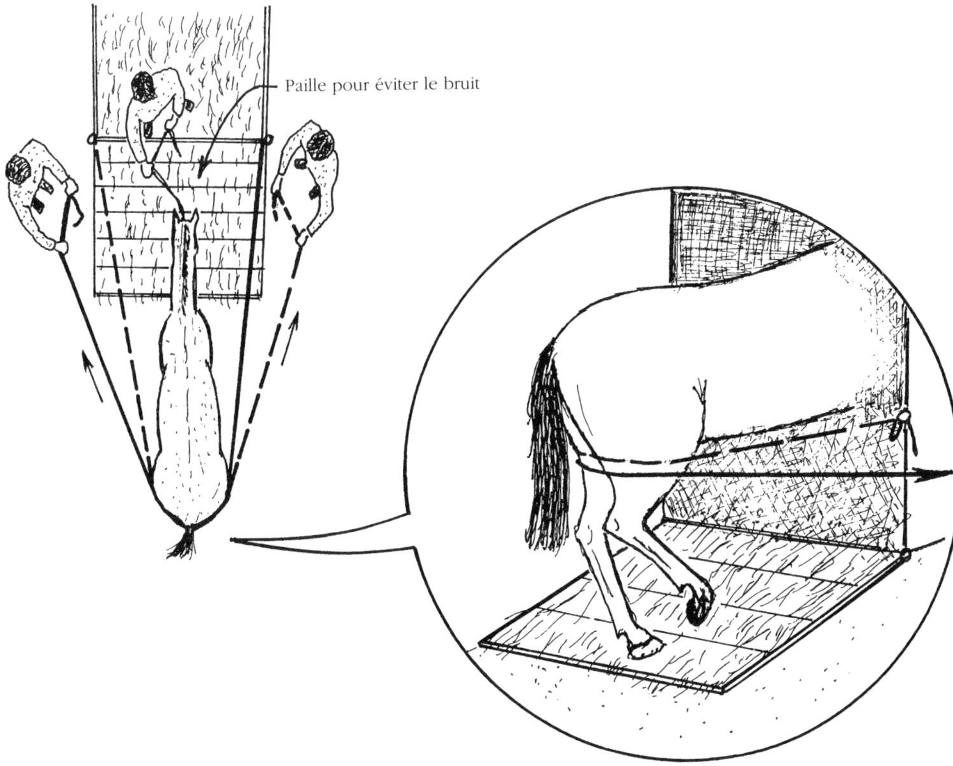

N'oubliez jamais de le remercier avec une friandise lorsqu'il vous a obéi. Il remontera mieux la prochaine fois.

S'IL « VOYAGE MAL »

J'ai constaté, sans pouvoir l'expliquer, que lorsqu'un cheval voyage mal dans un van à deux places, et s'affole dans les virages, il suffit de le changer de place pour qu'il se calme. Pensez-y, vous serez surpris du résultat. Notez que si vous transportez un seul cheval dans un van à deux places, il est

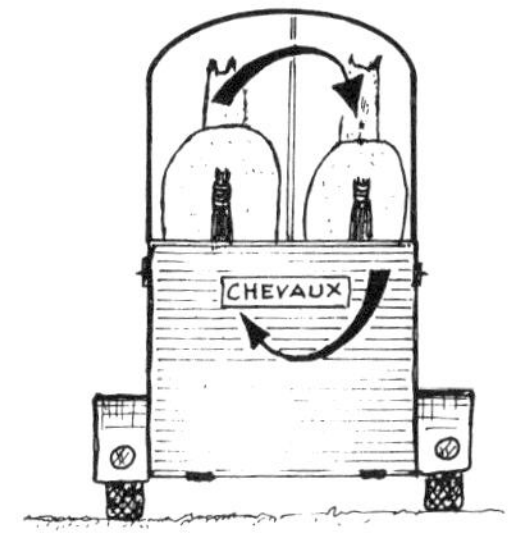

S'il voyage mal : changez-le de sens

préférable de le mettre à gauche, pour limiter le dévers du camion (route penchée à droite).

POUR ÉVITER QUE LE MORS BLESSE SA BOUCHE

La fine peau de la bouche du jeune cheval est parfois blessée par le mors. Équipez-le de rondelles en caoutchouc. Cela permet également de réduire la largeur d'un mors trop grand.

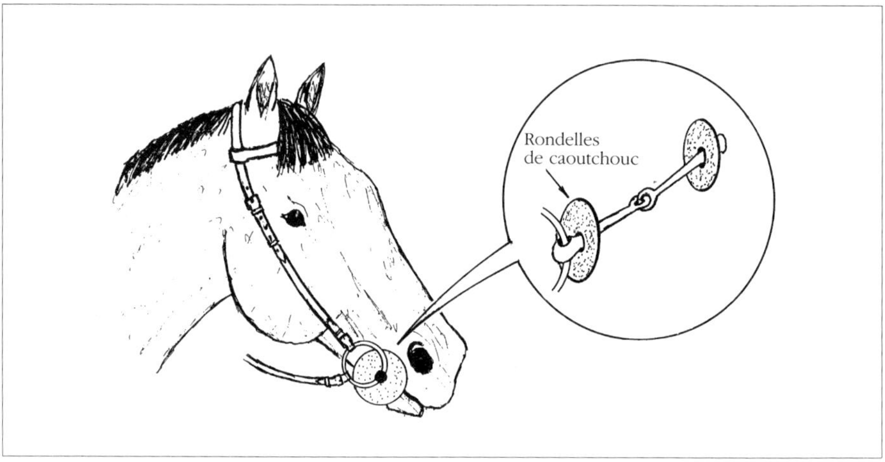

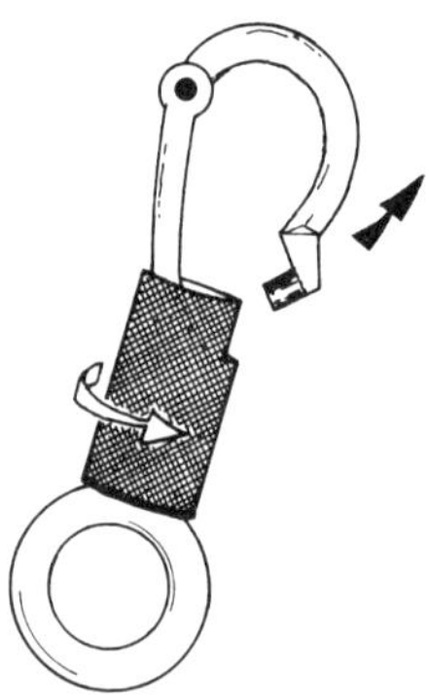

Mousqueton de sécurité

LE MOUSQUETON DE SÉCURITÉ

Ce n'est pas directement un truc, mais il est intéressant de savoir que le commerce propose des mousquetons qui peuvent s'ouvrir même sous une forte traction. Le modèle à ouverture rotative est remarquablement solide. À utiliser avec les jeunes chevaux qui risquent de tirer au renard.

LE MANNEQUIN

Les éleveurs qui dressent de nombreux poulains chaque année, utilisent parfois un mannequin qui se fixe sur la selle. Le cheval est lâché en liberté dans le manège, enfourché par le folklorique mannequin. Après quelques tours de sauts de mouton, « l'indésarçonnable » cavalier de chiffon a débourré le cheval sans aucun risque !

HABITUEZ-LE À RECONNAÎTRE SON NOM

Si le nom de votre cheval est compliqué, donnez-lui un surnom à deux syllabes qui se rapproche de son véritable nom. Pour qu'il reconnaisse son nom, l'astuce consiste à ce qu'il ressente une impression agréable – promesse d'une friandise par exemple – en entendant son nom. Attachez votre cheval dans une cour, ou contre un mur, tout seul pour qu'il s'ennuie. Sans vous montrer, prononcez son nom ; il vous cherche par curiosité. Allez à lui et récompensez-le d'une friandise. Recommencez l'opération plusieurs fois. En entendant son nom, il éprouve une impression agréable confirmée par la récompense. Par la suite, il viendra à vous en entendant son nom. N'oubliez pas de le récompenser, au moins par une caresse, pour qu'il n'oublie pas.

Bricolages économiques

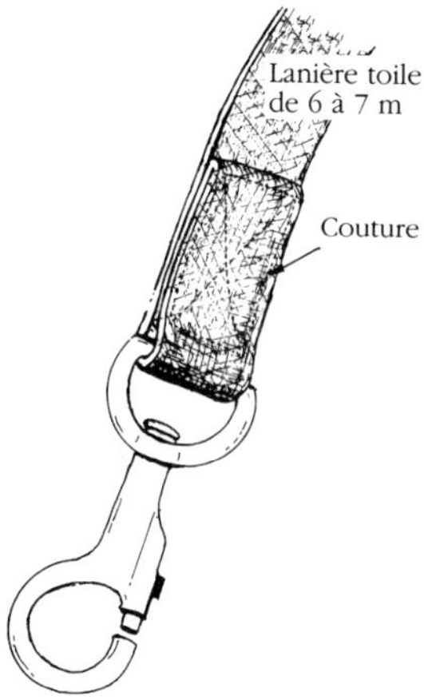

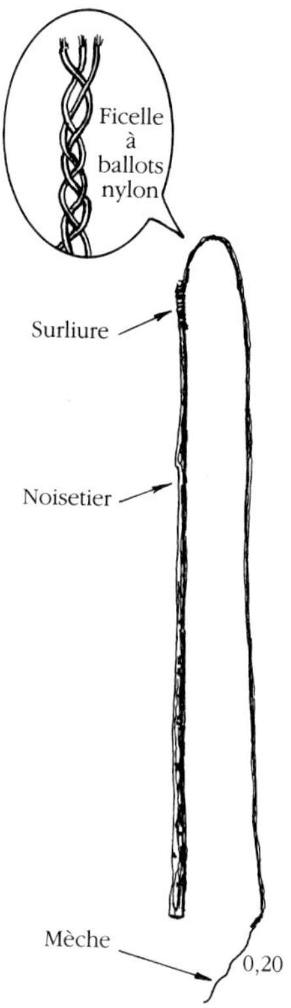

FABRIQUEZ DES LONGUES RÊNES

Dans le commerce, vous trouverez de la courroie, type volets roulants, vendue au mètre. Une largeur de 25 à 30 millimètres convient bien. Rejetez le nylon qui brûle les mains en cas de frottement. Il faut deux fois 7 mètres de ruban pour fabriquer une paire de longues rênes. Choisissez des mousquetons à poussoir en acier et vérifiez que l'ouverture laisse passer l'anneau du mors. Pour la fixation, conformez-vous au croquis. Cousez l'ensemble si vous avez quelques notions de bourrellerie. Dans le cas contraire, posez deux rivets pleins à rondelle sur chaque longue rêne.

FABRIQUEZ UNE CHAMBRIÈRE

Si vous achetez une chambrière, choisissez un modèle en fibres synthétiques avec une mèche en nylon. Vous pouvez également vous bricoler un modèle rustique. Choisissez une tige de noisetier bien droite d'environ 1,5 mètre de long.

L'extrémité fine doit avoir le diamètre du petit doigt. Inutile de l'écorcer. La mèche est réalisée avec une tresse, à trois brins bien serrés, de ficelle à ballot en nylon. La mèche est fixée avec une ficelle fine entourée autour du manche sur trois à quatre centimètres. Vous pouvez également la fixer avec du sparadrap bien serré. La mèche a sensiblement la même longueur que le manche mais elle se prolonge sur environ vingt centimètres par une simple épaisseur de ficelle. Consultez le croquis.

EQUIPEZ UN SURFAIX

Un simple surfaix de couverture équipé d'anneaux peut être utilisé pour le travail aux

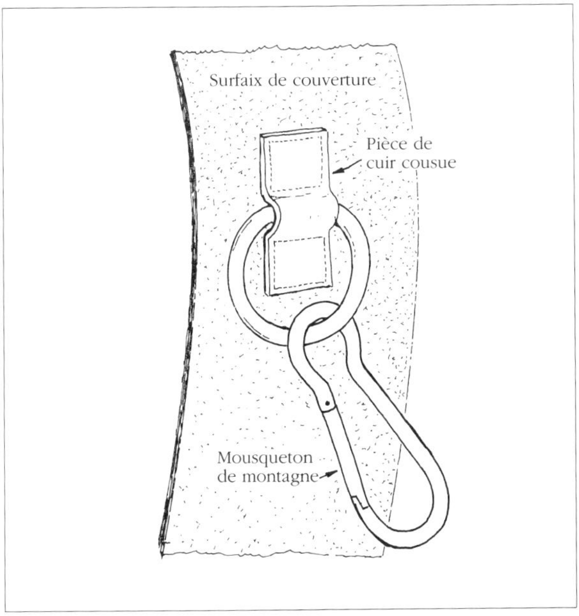

longues rênes. Suspendez latéralement deux mousquetons de montagne comme l'indique le croquis.

FABRIQUEZ UN LICOL POUR POULAINS

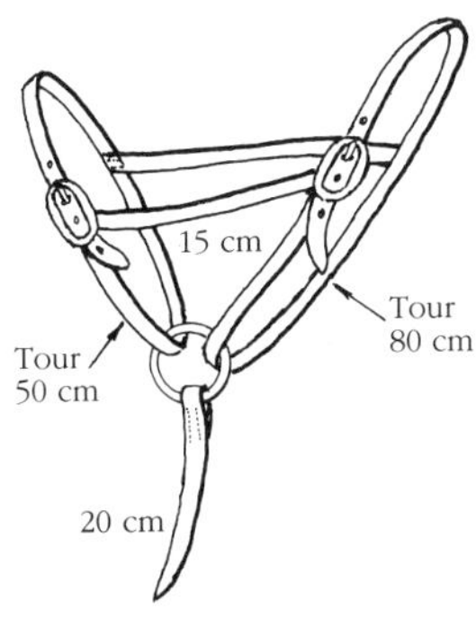

Le licol à poulains est équipé d'une lanière d'environ vingt centimètres qui reste en place et permet de le rattraper plus facilement. Il est fixé sur l'anneau du licol comme l'indique le croquis. Une couture est préférable aux rivets.

Achevé d'imprimer le 6 novembre 1995
sur les presses de l'imprimerie «La Source d'Or»
63200 Marsat
Dépôt légal Novembre 1995
Imp. n° 5844